말똥밭의 초똥구리

말똥밭의 소똥구리

초판 1쇄 발행 2023년 12월 20일
글쓴이 고정욱 ＼**그린이** 이경석 ＼**도움글** 김영중

펴낸이 이영선
책임편집 김문정
편집 이일규 김선정 김문정 김종훈 이민재 김영아 이현정
디자인 김회량 위수연
독자본부 김일신 정혜영 김연수 김민수 박정래 손미경 김동욱
펴낸곳 파란자전거 ＼**출판등록** 1999년 9월 17일(제406-2005-000048호)
주소 경기도 파주시 광인사길 217(파주출판도시) ＼**전화** (031)955-7470 ＼**팩스** (031)955-7469
홈페이지 www.paja.co.kr ＼**이메일** booksea21@hanmail.net

ⓒ 고정욱·이경석, 2023
ISBN 979-11-92308-43-2 74810
      979-11-86075-69-2(세트)

파란자전거는 도서출판 서해문집의 어린이 책 브랜드입니다. 페달을 밟아야 똑바로 나아가는 자전거처럼 파란자전거는 어린이와 청소년이 혼자 힘으로도 바르게 설 수 있도록 도와줍니다.

어린이제품안전특별법에 의한 제품 표시
제조자명 파란자전거 ＼**제조년월** 2023년 12월 ＼**제조국** 대한민국 ＼**사용연령** 10세 이상 어린이 제품
▲ **주의** 책의 모서리가 날카로우니 던지거나 떨어뜨려 다치지 않도록 주의하세요.
KC 마크는 이 제품이 공통안전기준에 적합하였음을 의미합니다.

초원 지키는 환경 파수꾼 소똥구리를 찾아서

말똥밭의 소똥구리

고정욱 글 | 이경석 그림 | 국립생태원 김영중 도움글

파란자전거

| 글쓴이의 말 |

미안합니다

"소풍 가자."

초등학교 시절 저는 동생들과 우리 집에 같이 살던 사촌 누나와 함께 소풍을 갔습니다. 소풍 장소는 집에서 얼마 떨어지지 않은 이화여자대학교 뒷산입니다. 그때만 해도 서울의 자연이 살아 있었습니다. 지금은 금화터널이 뚫고 지나가는 그 산에서 자연을 만났습니다.

봉원사 가기 전 야트막한 비탈에는 텃밭이 있어서 들깨와 고추 등 각종 작물이 자랐습니다. 그 뒤로 돌아 들어가면 풀밭이 있고, 방아깨비, 메뚜기, 잠자리, 풍뎅이, 그리고 소똥구

리와 땅강아지가 뛰노는 자연이었습니다. 동생들과 저는 그곳에서 벌레를 잡고 뛰어놀았습니다. 집에 돌아올 때는 남의 밭 깻잎을 서리해서 도망치듯 달린 적도 있습니다. 이게 불과 오십 년 전 서울 풍경입니다.

그런데 그때 보았던 소똥구리가 지금은 멸종 위기종이 되었다고 합니다. 국제자연보호연맹에서 분류한 희귀종 야생 동물은 아니지만, 가까운 미래에 멸종될 위험이 높은 종이 바로 멸종 위기종입니다. 조류에는 노랑부리저어새나 흑고니가 있고, 어류에는 동사리나 꼬치동자개, 양서류에는 맹꽁이와 구렁이 등이 여기에 속합니다. 이 모든 생물이 불과 수십 년 전에는 흔하던 동물이었습니다. 이 말은 우리 인간이 그만큼 지구 환경을 소중한 줄 모르고 함부로 대했다는 증거입니다. 자원을 마구 낭비했습니다. 어디 그뿐일까요? 오염 물질까지 배출해 지구를 병들게 했습니다. 이는 마치 통장에 모아 둔 돈을 끊임없이 꺼내 쓰기만 한 것과 같습니다.

    하지만 이제도 늦지 않았습니다. 우리가 모두 문제를 깨닫는 것이 해결의 시작이니까요.

    저는 어른으로서 책임을 느낍니다. 오십 년간 지구 환경을 망가뜨리며 모든 편리함을 저도 이용했기 때문입니다. 이런 상태에서 지구를 다음 세대에 물려줄 수는 없습니다. 어린이와 청소년이 물려받을 지구를 좀 더 나은 상태가 아니라 더욱 나쁜 상태로 물려주는 셈이니까요. 이 작품은 그런 뜻에서 소똥구리를 만나고 싶어 하는 순수한 어린이의 마음을 그렸습니다. 또 저희 어른 세대의 반성문이기도 합니다.

    어린이의 순수함이야말로 지구를 지키고 환경을 보존할 수 있는 유일한 힘이라고 생각합니다. 가까운 동네에서 소똥구리가 똥을 굴리는 장면을 흔하게 볼 수 있는 그날이 빨리 오길 바랍니다.

2023년 북한산 기슭에서
고정욱

글쓴이의 말
미안합니다 • 4

외계인 • 9
아빠의 생일 • 17
두 달 전 그날 • 24

인스턴트식품이 뭐길래! • 33
영민이 할아버지 • 40
사라진 동물 • 47

사랑해, 소똥구리야 • 55
무너진 희망 • 65
도대체 언제 볼 수 있냐고? • 80

덩 프로젝트 • 90
드디어 출발! • 100
문 열어 주세요 • 111

대화가 필요해 • 120
지구의 청소부 • 130
고맙습니다 • 137

자연 청소부, 토양 영양사, 환경 파수꾼
소똥구리가 궁금해! • 149
_ 김영중, 국립생태원 멸종위기종복원센터

외계인

"어머! 영민아! 너 목에 두드러기!"

환경 동화를 읽고 독후 활동을 하는 창의체험활동 수업 시간이었다. 조용한 교실에 민지의 목소리가 울려 퍼졌다. 민지가 앞자리에 앉은 영민의 목을 가리키고 있었다. 아이들은 한꺼번에 고개를 돌려 영민을 바라보았다.

"아, 가려워! 더는 못 참겠네!"

영민은 자기도 모르게 목을 빽빽 긁었다. 우툴두툴 성난 목덜미가 또다시 부어오르기 시작했다.

"어머, 무슨 일이야?"

민지의 호들갑스러운 목소리와 영민의 예민한 반응에 담임 선생님이 자리에서 벌떡 일어났다.

"영민아, 괜찮니?"

선생님이 다가가서 부어오른 영민의 목덜미를 들여다보았다.

"아, 가려워서 미치겠어요."

"뭘 먹었니? 아침에."

"몰라요. 선생님, 저 뭘 먹었는지 기억이 잘 안 나는데, 이거 왜 이래요?"

영민이 어쩔 줄 몰라 하자 선생님이 교실 문을 열어 주었다.

"보건실로 가라. 보건 선생님한테 전화해 둘 테니까 빨리 가 봐."

"네."

영민이 울상이 되어 뛰어가자 아이들이 서로 소곤댔다.

"외계인 같아."

"아토피가 온몸에 퍼지면 외계인 되는 거잖아?"

그때 몽골에서 살다 온 아자르가 단짝 민지에게 물었다.

"아토피가 뭐야?"

정말 몰라서 물어보는 아자르의 피부는 매우 매끄러웠다.

"아자르, 넌 말해 줘도 몰라."

"몸에 막 뭐 나고 가려운 거 있어."

제각각 알려 주면서도 몇 아이들은 아름의 눈치를 보았다. 독후 활

동지를 풀면서 아름은 이 모든 대화를 듣고 있었다. 문제를 푸는 척했지만 귀로는 아이들이 말하는 내용을 하나도 빠뜨리지 않고 잡아서 듣는 중이었다. 아이들이 아름의 눈치를 보는 이유는 아름의 목덜미와 팔이 접히는 곳, 무릎이나 오금에 아토피성 피부염이 있기 때문이었다. 아무리 긁어도 가려움이 사라지지 않는 아토피는 참을 수 없어 피가 나도록 긁어야만 하는 피부염이다.

아름은 아침마다 연고를 챙겨 바른다. 언제 어디서 가려움증이 덮칠지 모르기 때문이다. 왜 이런 질병이 자신에게 생겼는지 답답하기만 했다. 두 달 전부터 아토피 증상이 나타나 가려울 때마다 수시로 팔을 긁을 따름이었다. 아이들 사이에서는 외계인이라는 별명이 생겼다. 피부는 우툴두툴하고 딱지가 앉아 거북 등껍질처럼 갈라졌다. 아이들에게는 이름 모를 행성에서나 볼 수 있는 외계인을 떠올리게 했다. 아름은 아토피가 왜 생겼는지 모르니 변명은커녕 아무 말도 못 했다.

잠시 뒤 보건 선생님이 영민을 데리고 교실로 왔다

"괜찮습니다. 단백질 알레르기인 것 같아요. 영민이가 아침에 엄마가 해 준 병어찜을 글쎄 두 마리나 먹었대요."

"병어도 알레르기가 있어요?"

"사람마다 좀 다른데, 아마 과도하게 단백질을 섭취해서 그랬을 거예요. 약을 먹였으니까 곧 가라앉을 겁니다."

"다행이네요."

"더 심해지면 병원에 가야죠. 요즘 아이들 생활 환경이 나빠져서 이렇습니다."

영민이 힘없이 자리에 앉자, 걱정하던 아이들이 하나둘 다가왔다.

"두드러기 괜찮아?"

"조금 가라앉았어."

민지가 다가와 목덜미를 들여다보더니 의사라도 된 양 덧붙였다.

"아까보다 많이 가라앉았네. 우리 오빠가 툭하면 두드러기가 나서 내가 잘 알아. 의학 사전 보니까 두드러기는 음식이나 약물이 몸에 들어갔을 때 항체가 생기면서 서로 반응하는데, 그때 혈관 밖으로 혈장이 스며 나와서 생긴대."

민지는 두드러기에 대한 지식을 마구 뽐냈다. 나중에 커서 의사나 유전공학자가 되겠다는 야무진 꿈을 가진 민지다웠다. 과학 지식이 초등학교 수준을 넘어섰다. 항체니 혈장이니 무슨 말인지는 알 수 없지만 뭔가 몸에 좋지 않은 일이 생긴 건 분명했다.

점심 급식 먹으러 갈 때쯤 되어서 영민의 두드러기는 완전히 가라앉았다. 언제 그랬냐는 듯 영민은 신나서 급식실로 향했고, 아름은 그 뒤를 따라갔다.

"좋겠다, 두드러기라서."

아름은 혼잣말로 중얼댔다. 그도 그럴 것이 원인이 되는 음식이나

약을 알면 두드러기나 알레르기는 금세 사라진다. 하지만 아름은 자신에게 아토피가 왜 생겼는지 알 수가 없었다. 다른 아이들은 아토피 때문에 서울에서 이곳 녹림초등학교로 이사 온다고 했다. 학교 뒤로 푸른 숲이 넓게 펼쳐져 공기가 깨끗하기로 유명했다. 그래서 학교 이름도 푸른 숲 '녹림'이었다.

급식으로 나온 소고기 장조림을 먹으며 아이들이 한마디씩 했다.

"장조림 알레르기도 있는 거 아닐까?"

"야, 요즘 환경 때문에 알레르기 많이 생긴대. 아토피도 생기고."

태민이 말하다 자기 입을 서둘러 막았다. 아토피라는 말에 아름이 예민하게 반응할까 봐 걱정되었기 때문이다.

처음에 아름의 별명이 외계인이 된 건 아주 사소한 이유에서였다. 아토피로 피부가 오톨도톨 일어난 것을 벅벅 긁다 피가 났던 적이 있었다.

"엇, 피다!"

몇몇 아이들이 피를 보자 과민 반응을 보였다.

"어디, 어디?"

호기심 많은 아이들이 몰려와 기웃거렸다. 그때 외계인 영화를 보고 온 한 아이가 자기도 모르게 소리쳤다.

"앗, 외계인이다! 내가 어제 영화 〈화성에서 온 방랑자〉 봤는데, 거기 나오는 외계인 피부가 이랬어. 우툴두툴하고 진물이 막 나고."

"맞아, 나도 봤어. 엄청 징그러웠어."

다른 아이가 맞장구를 치자 너무도 어이없게 아름의 별명은 외계인이 되고 말았다. 그 뒤로 아름은 외계인의 외 자만 들려도 기분 나빠하고, 심할 때는 외계인이라고 부르면 다투기 일쑤였다. 하지만 싸워 봐야 소용없다는 것을 깨닫고 이제는 포기한 상태였다. 집밥 느낌이 살짝 나는 장조림을 말없이 씹으며 아름은 집을 떠나 이제는 쉽게 볼 수 없는 엄마를 떠올렸다.

아빠의 생일

며칠 뒤 학교에서 돌아오는 길에 아름은 아파트 앞 상가로 향했다. 아름이네 집은 학교 정문에서 나와 왼쪽으로 가야 하지만, 오늘은 오른쪽 상가에 꼭 들러야 할 이유가 있었다. 지나가던 영민과 민지, 그리고 아자르가 알은체했다.

"어! 아름이 너도 학원 갈 거야?"

이 동네에는 아름이 사는 아파트 단지 상가에 학원이 유일하게 몇 개 있었다. 수학과 영어, 그리고 보습, 피아노 학원이었다. 하지만 아름은 학원을 다니지 않았다. 아름 아빠는 늘 말했다.

"학원 안 다녀도 돼. 학교에서 가르쳐 주는 것만 충실히 들으면 공부 잘할 수 있어."

"아빠, 저 이러다 대학 못 가면요?"

"대학을 왜 못 가? 요즘은 대학교 학생 수보다 대학 가려는 학생 수가 더 적어."

"정말이요?"

"네가 갈 때쯤 되면 맘에 드는 대학 골라서 갈 수 있어. 그러니까 네가 좋아하는 공부를 해. 자연과 어울려서 마음껏 놀기도 하고. 이 시간은 지나가면 다시 오지 않아."

아름 아빠는 정말 자연인 같았다. 별명이 국립 자연인이다. 아름 아빠는 녹림시에서 가까운 지리산 국립공원관리사무소에서 일한다. 늘 산속에만 있어서인지 세상에 대해 욕심이 별로 없다. 오늘은 그런 아빠의 생일이어서 아름은 케이크를 사러 가는 길이었다. 이 동네에서 제일 유명한 빵집 런던바게뜨가 그곳에 있었다. 빵집 자동문이 열리고 안으로 들어가자 아이들은 신기하다는 듯 따라 들어왔다.

"왜? 빵 사려고?"

"케이크 사려고?"

아이들의 질문은 들은 척도 않고, 아름은 주머니에서 꼬깃꼬깃 접은 만 원짜리 석 장을 꺼낸 뒤 가장 작은 케이크를 손가락으로 가리켰다.

"이거 주세요."

초콜릿과 알록달록한 가루가 뿌려져 있어 보기만 해도 군침이 도는 케이크였다.

"와, 누구 생일이냐?"

아이들이 다시 물었다.

"우리 아빠 생일이야."

"와, 좋겠다."

"맞아, 생일엔 뭐니 뭐니 해도 치킨인데."

가만 생각해 보니 치킨을 먹어 본 지도 오래된 것 같았다.

'이따 아빠 오면 치킨 사 달라고 해야겠다.'

아름이 케이크를 들고 빵집을 나오자, 따라왔던 아이들도 2층에 있는 학원으로 올라가며 소리쳤다.

"잘 가! 케이크 좀 남겨서 내일 학교 가져와."

"응, 알았어."

진짜 케이크가 먹고 싶어서 하는 말이 아니라는 걸 아름은 잘 안다.

집으로 가는 길에 슈퍼마켓 앞에 서 있는 낯익은 지프차가 보였다.

"어, 아빠다!"

슈퍼마켓 안을 들여다보니 아빠가 장을 보고 있었다. 반가운 마음에 아름은 냉큼 들어섰다.

"아빠!"

"어, 아들! 웬일이야?"

아름이 케이크를 재빨리 뒤로 숨겼지만 눈치 빠른 아빠는 벌써 알아챘다.

"오늘 아빠 생일이라고 우리 아들이 케이크 샀구나? 고마워~."

"치, 들켰네."

"우리 장 봐서 맛있는 거 해 먹자!"

카트에는 종류별로 만두가 담겨 있고, 해동만 하면 먹을 수 있는 냉동식품이 잔뜩 들어 있었다. 대부분 처음 보는 먹을거리들이었다.

"많이도 샀네요?"

"아들, 오늘은 파티잖아."

그날 아름 아빠는 조금 일찍 퇴근해서 돌아오는 길이었다. 생일날에는 보통 미역국을 먹지만 아빠와 단둘이 사는 아름은 그럴 형편이 못 되었다.

집에 돌아온 부자는 케이크를 꺼내서 조촐한 생일 잔칫상을 차렸다. 식탁에는 제법 음식이 여러 개 놓였다. 즉석 떡볶이, 고기만두, 김치만두, 그리고 배달시킨 치킨. 모두 인스턴트식품이기는 했지만 불을 밝힌 초 때문인지 꽤 그럴싸했다.

"생일 축하합니다, 생일 축하합니다. 매일 바쁜 우리 아버지, 생일 축하합니다."

"야, 우리 아들 노래가 뼈를 때리네. 매일 바쁜 아빠라니."

"그냥 노랜데요 뭘. 자, 아빠 소원을 빌어요."

아빠는 직장 일이 바빠 아름에게 소홀했던 게 미안했는지 눈시울이 촉촉해졌다.

"어서어서, 초 다 녹아요. 소원 빌고 불 끄세요."

아빠가 씁쓸한 미소를 지으며 잠시 눈을 감고 뭔가 생각하더니 후, 바람을 불어 불을 껐다. 아름이 아무렇지 않은 듯 부른 생일 축하 노래는 쓸쓸하고 우울했다. 아빠도 그걸 느꼈는지 애써 명랑한 척했다.

"아들, 우리 게임 한판 할까?"

"좋아요!"

그날 저녁 부자는 아무 말 없이 늦게까지 컴퓨터 게임에 몰두했다. 요즘 유행하는 동물 사육 게임이었다. 동물을 선택해서 제한된 시간 안에 이것저것 많이 먹여서 크게 살찌우면 이기는 게임이었다.

게임을 하면서 아름은 몸 여기저기를 벅벅 긁었다. 아토피가 스멀스멀 올라오는 모양이었다. 하지만 좋아하는 게임에 집중해서 그런지 크게 신경 쓰이지 않는 듯했다. 아름 아빠는 아들과 함께하는 시간이 소중했다. 컴퓨터 게임을 별로 좋아하지 않지만 괜찮았다. 그렇게 기쁘면서도 쓸쓸한 아빠의 생일이 지나갔다.

두 달 전 그날

이튿날 아침, 아름은 힘겹게 눈을 떴다. 눈을 떴는데도 뜬 것 같지가 않았다. 얼굴이 온통 푸석푸석했다.

"왜 이러지?"

거울을 들여다본 아름은 깜짝 놀랐다. 아토피가 목과 팔, 어깨까지 싹 다 올라왔다. 정말 아이들 말대로 외계인이 따로 없었다.

"으아앙!"

아름은 자기도 모르게 털썩 주저앉아 울음을 터뜨렸다. 난데없는 아름의 울음소리에 놀란 아빠가 잠자리에서 벌떡 일어나 달려왔다.

"아름아, 왜 그래? 무슨 일이야!"

"아빠아!"

아름의 얼굴을 본 아빠는 상황을 이해했다.

"이런, 어쩜 좋니? 아토피가 심해졌구나."

아빠는 약상자를 가져다 연고를 발라 주었다. 성난 피부가 조금씩 가라앉는 듯했다. 하지만 약은 바를 때뿐이었다. 아토피를 근본적으로 낫게 하지는 않았다.

"아빠, 어떡해? 학교 가면 애들이 또 외계인이라고 놀릴 텐데."

"그럼 오늘 학교 가지 말고 집에서 좀 쉴래?"

"아니에요, 가야죠."

아름은 단호하게 고개를 저었다. 녹림에서 학교를 안 간다는 것은 하루 종일 멍하니 지루하게 시간을 보내야 한다는 뜻이었다. 서울과 다르게 놀이동산은 물론 그 흔한 쇼핑몰도 하나 없었다. 놀거리라면 컴퓨터나 텔레비전으로 하는 비디오 게임 정도뿐이었다.

"그럼 어서 준비해. 아빠도 출근해야 해."

아름은 한숨을 쉬며 세수를 하고 옷을 갈아입었다. 가방을 챙겨 거실로 나가 보니 아빠는 컵라면 두 개에 물을 부어 놓았다. 어제 먹다 남은 치킨에 컵라면으로 대충 아침 식사를 때우고, 아름은 학교에 도착할 때까지 계속 온몸을 긁었다.

"아이, 정말 오늘따라 왜 이래?"

어떤 곳은 너무 긁어서 피가 날 정도였다. 눈물이 다 났다.

'어떡하지? 안 그래도 외계인이라고 놀리는데.'

교문 들어가는 것이 지옥문을 들어가는 것만 같았다. 교실로 들어가 가방을 놓고 자리에 앉자, 눈치 빠른 아이들은 벌써 알아보았다.

"아름아, 너 또 아토피!"

아자르가 티 나게 팔을 쭉 뻗어 손가락으로 가리켰다. 영민도 다가와 아름의 얼굴과 목을 살펴보았다.

"지난번 내가 두드러기 났을 때 같아."

"아토피 때문에 정말 힘들어."

아름이 힘없이 말했다.

"우리 학교는 아토피 있는 애들이 그거 고친다고 전학 오는 학교인데, 넌 어떻게 아토피가 더 생겼냐?"

태민이었다. 태민은 상대방 기분은 생각도 않고 나불나불 돌직구를 잘 날리는 아이였다. 안 그래도 왜 이렇게 되었는지 알 수 없어 속상한 아름인데 말이다.

"애들아, 안녕?"

담임 선생님이 밝은 얼굴로 다정하게 인사하며 교실로 들어섰다. 아이들이 아름의 주변에서 웅성대자 무슨 일이 있나 싶어 다가왔다.

"아침부터 무슨 일이에요?"

선생님은 책상에 엎드려 있는 아름의 목덜미를 보더니 화들짝 놀랐다. 빨갛게 부어올라 한눈에 봐도 아토피가 심해 보였다.

"아니, 아름아! 하룻밤 새 왜 이렇게 심해졌어, 아토피가."

"모르겠어요."

"어서 일어나. 보건실로 가자."

선생님은 아름을 보건실로 데리고 갔다.

"선생님, 아름이 좀 봐 주세요. 아토피가 점점 더 심하네요."

"아이고, 그래요?"

보건 선생님이 아름의 피부를 여기저기 살폈다.

"왜 이러지? 이거 좀 심하네. 아름아, 너 평소에 이렇게 심하지 않았잖아?"

"네. 오늘 아침 갑자기 늘었어요. 가렵기 시작한 건 두 달 정도 됐어요."

"두 달? 두 달 전에 무슨 일이 있었는데?"

선생님의 물음에 갑자기 울음이 울컥 목구멍까지 올라왔다. 엄마가 아빠와 살지 않겠다고 서울로 떠난 게 바로 '두 달 전'이었다.

아름 엄마가 떠나기 얼마 전, 아름 엄마에게 기쁜 소식이 날아들었다. 서울에 있는 대학교에서 강의해 달라는 연락이었다. 엄마는 아빠와 의논했다.

"여보, 나 이제 변화를 좀 주고 싶어."

"무슨 말이야?"

"서울에 있는 대학에서 강의하러 오래. 주중엔 서울에서 보내고, 주말마다 오면 어떨까 하는데."

"그럼 아름이는 누가 봐?"

"아름이 많이 컸잖아. 4학년이니까. 이제 스스로 할 수 있어. 학교도 가고, 공부도 하고."

"아직 어린애야. 열한 살이라고. 집에 아무도 없는데 어떻게 애를 혼자 둬? 미국 같으면 경찰에 잡혀갈 일이라고."

"여기가 미국이야? 당신이 좋아서 여기 내려온 거잖아. 그리고 아름이 스스로 자기 앞가림 잘해. 내가 좀 가르쳐 주면 돼. 그리고 주말에는 집에 오잖아."

"국립공원이 여기서 가까우니까 이리 왔지. 내 직업이 그런 걸 어쩌라고? 당신도 공기 좋고 환경 좋은 곳에 오니까 좋다고 해 놓고 이제 와서 왜 딴소리야."

"당신이 좋아하는 숲에서 일하며 보람을 느끼듯이 나도 내 일을 하고 싶다고. 나도 내 인생이 있고 내 삶이 있잖아. 아무것도 없는 이런 시골에서 아름이가 자라는 것도 싫고."

아름 엄마는 작가가 되고 싶어 국문학을 공부했다. 그러나 학교에서 작가가 되기 위한 글쓰기를 알려 주지는 않았다. 그래서 작가 대신 국문학을 연구하는 학자가 되기로 했다. 무려 십 년 가까이 공부만 하며 지내다 보니 도시가 싫어졌다고 했다. 박사 과정까지 마친 엄마는 아빠와 함께 시골로 내려와서 글도 쓰고 읽고 싶은 책도 많이 읽겠다고 했다.

그렇게 일 년 정도 아름 엄마는 즐겁게 지내는 듯 보였다. 하지만 대학원 동기생이나 선후배가 학교에서 강의하고, 친구들이 교수가 되었다는 소식이 들려오자 참을 수가 없었다. 이곳이 아니라 서울에 있었다면 자신에게도 기회가 왔을 텐데라는 후회가 밀려들었다. 엄마와 아빠는 이 문제로 육 개월 가까이 지겹게 싸웠다.

"난, 내 인생을 도저히 포기할 수 없어."

결국 아름 엄마는 서울에 방을 얻고 강의를 하기 시작했다. 어렵게 찾아온 기회를 놓칠 수는 없었다. 물론 아름에게는 여러 차례 설명도 하고 설득도 했다. 그럴 때마다 아름은 녹림에 하나 있는 아이스크림 가게에 앉아 있었다.

"아름아, 지금은 이해 못 해도 엄마에게는 엄마의 인생이 있어. 나중에 크면 너도 알게 될 거야. 혼자서도 잘할 수 있지? 힘들더라도 잘 참아 줘."

아름은 거의 이해 못 했다. 하지만 그렇다고 말하면 엄마가 크게 실망하고 슬퍼할 것만 같았다. 엄마가 원하는 걸 하는 데 자신이 걸림돌이 되고 싶지 않았다. 아름은 엄마를 사랑하니까. 잘 이해되지 않았지만 고개를 끄덕였다. 그렇게 하면 아빠와 엄마가 더는 싸우지 않으리라는 기대도 했다.

엄마는 서울에 갈 때마다 밑반찬도 해 놓고 국도 끓여 놓고 밥도 잔뜩 해 놓았다. 아빠도 엄마의 빈자리를 채우기 위해 애썼다. 아름이네는 경제적으로 형편이 나아졌다. 아름이 원하는 건 말이 떨어지기 무섭게 사 주었다. 하지만 아름은 왠지 마냥 즐겁지만은 않았다. 엄마 아빠의 말다툼도 멈추지 않았다.

결국 아빠와 엄마 사이가 점점 나빠지더니 두 달 전부터는 엄마가 아예 집에 내려오지 않았다.

"아빠, 엄마는 이번 주도 안 와요?"

조심스럽게 아름이 아빠에게 물었다. 그러자 아빠가 고개를 푹 숙였다.

"아빠는 나름 노력했는데, 잘 안 되어서 미안하구나."

아빠는 애써 자신이 최선을 다했다고 주장했지만, 아름은 엄마도 아빠도 다 잘못이 있다고 생각했다. 서로 자기주장만 하고 아름은 안중에도 없는 듯 보였으니까. 그 어떤 설명도 사과도 듣기 싫었다.

"두 달 전에 엄마가 떠났어요."

아름은 최대한 무심한 척 보건 선생님에게 대답했다. 감정을 들키는 순간 참았던 눈물이 쏟아져 버릴 듯했다.

인스턴트식품이 뭐길래!

두 선생님은 서로 눈을 맞추더니 입을 다물었다. 잠시 뒤 보건 선생님이 아무렇지 않은 듯 먼저 입을 열었다.

"아, 그랬구나. 미안하다. 그런데 엄마가 떠난 뒤에 밥은 어떻게 해 먹니?"

순간 어제 먹었던 것들이 떠올랐다. 과자와 탄산음료와 식탁을 가득 채웠던 각종 인스턴트식품들.

"편의점에서 사다 먹어요."

"편의점? 오 마이 갓!"

보건 선생님은 드디어 원인을 알았다는 듯 눈을 동그랗게 떴다. 그

러더니 담임 선생님에게 조심스럽게 말했다.

"엄마가 해 주시던 자연식품을 먹다가 갑자기 인스턴트식품을 많이 먹는 바람에 아토피 피부염이 생긴 것 같아요."

"정말요?"

보건 선생님은 확신에 찬 표정으로 고개를 끄덕였다.

"일단 이거라도 바르고 아토피를 진정시키자."

보건 선생님은 피부 진정에 도움이 된다는 아로마 오일을 아름에게 발라 주었다.

"다른 아이들도 인스턴트 많이 먹잖아요? 근데 왜 저만."

"글쎄다. 사람마다 체질이 다 다르니까. 게다가 갑자기 아토피가 생긴 걸 보면, 아무래도 안 먹던 음식을 많이 먹어서 그런 게 아닐까 싶은데."

"그럼 제가 오염된 음식을 먹은 거예요?"

"오염된 게 아니라, 네 면역 체계에 뭔가 변화가 생긴 것 같아. 되도록이면 인스턴트식품 먹지 마라."

아름은 더욱더 우울해졌다. 엄마가 없으니 좋은 재료로 직접 해 먹어야 하는 슬로푸드를 챙겨 먹기는 힘들 게 뻔했다. 아름은 탈출구 없는 굴속을 걷는 느낌이었다.

교실로 돌아올 때쯤에는 아로마 오일 덕분인지 다행히 가려움증은 가라앉았다. 아름은 친구들이 힐끔힐끔 쳐다보는 걸 무시한 채 자리에 앉았다. 담임 선생님은 아름을 외계인이라고 놀렸던 태민과 아자르를 포함해 몇몇 아이들을 조용히 밖으로 불러냈다.

"너희들 봤지? 아름이가 얼마나 힘들고 속상해하는지. 그런데 외계인이라고 놀리기나 하고 어떻게 할 거니?"

"잘못했어요."

태민이 먼저 고개를 숙이고 용서를 구했다.

"선생님이 아니라 아름이에게 사과해야지. 친구가 아프고 힘들어하면 위로하고 도와줘야 친구지. 놀리고 그러면 되겠어?"

"아니요."

아자르도 고개를 푹 숙였다.

아이들은 장난이라고 생각했는데, 미처 아름의 마음을 헤아리지 못했음을 깨달았다. 교실로 들어온 아이들은 아름에게 사과했다.

"아름아, 미안해. 외계인이라고 놀려서."

"아니야, 괜찮아. 나도 너무 예민하게 굴어서 미안. 내 몸이 인스턴트식품과 잘 안 맞아서 그렇대."

"인스턴트가 왜? 독극물이야?"

"독극물이 아니에요. 선생님이 설명해 줄게요. 우리가 사는 세상은 먹을거리의 사슬로 연결되어 있어요. 이걸 먼저 알아야 해요."

선생님이 생물 사이의 먹이 사슬 관계를 설명해 주었다.

"어떤 동물의 배설물은 다른 생물의 영양분이 되기도 해요. 이렇게

오염은 먹이 사슬을 타고

먹을거리가 주는 영양소와 공기와 물과 햇빛 등이 다양한 생물과 자연을 통해 돌고 도는 게 바로 생태계죠. 과거에는 자연이 깨끗하니까 이를 바탕으로 살아가는 생물도 건강했고 생태계도 건강했어요. 그런데 이렇게 수백만 년간 유지되던 생태계가 이젠 위험해졌죠. 경제

개발과 산업화, 그리고 과학의 발전으로 자연환경이 오염되고 각종 화학 물질이 생태계에 스며들었으니까요. 또 조금씩 쌓이기 시작했어요."

아이들이 웅성대기 시작했다. 환경 오염에 대해서는 많이 안다고 생각했는데, 먹는 음식과 관련이 있을 줄은 생각하지 못했다.

"자, 오늘 숙제 나가요! 여러분이 먹은 음식 가운데 인스턴트식품을 찾아서 어떤 것들이 들었는지 조사해 보세요. 알았죠?"

집에 돌아온 아름은 냉장고부터 열었다. 어제 먹다 남긴 음식이 그릇에 담겨 가지런히 정리되어 있었다. 식품의 재료를 알려면 포장재가 있어야 했다. 조리대를 둘러보니 아빠가 국을 끓일 때 쓴다는 맛소금이 보였다. 포장재 뒷면에 적힌 원재료명을 읽었다.

정제소금 90%, 5'-글루탐산나트륨(향미증진제) 9.9%,

5'-이노신산이나트륨 0.05%, 5'-구아닐산이나트륨 0.05%

"이게 무슨 성분이야? 소금에 이런 게 들어간다고? 그리고 숫자 5는 뭐지?"

소금이면 소금이 100퍼센트일 줄 알았는데 의아했다. 아름은 라면 봉지를 살펴보았다. 엄마가 있을 때는 일 년에 한 번 먹을까 말까 하던 라면이었다.

변성전분, 식물성풍미유, 난각칼슘, 정제염, 면류첨가알칼리제(산도조절제), 혼합제제, 올리고녹차풍미액, 정백당, 효소처리스테비아, 5'-리보뉴클레오티드이나트륨……

라면에는 더더욱 알 수 없는 재료들이 많이 들었다.

"보건 선생님이 이런 걸 말씀하신 건가?"

정체 모를 재료들이 자신의 몸 안에 독성을 뿌렸다고 생각하니 아름은 갑자기 소름이 끼쳤다. 털들이 일어선 팔을 쓰다듬으며 냉장고를 열어 인스턴트식품은 모두 꺼내 베란다에 있는 상자에 버렸다. 그러고는 정수기에서 물을 받아 벌컥벌컥 마셨다. 그 물로 몸이 다시 깨끗해져서 아토피가 없어지길 바라는 마음이었다. 엄마가 돌아오길 바라는 간절한 마음과도 같았다.

영민이 할아버지

　운동장에서는 체육 수업이 한창이었다. 구름 한 점 없이 쨍쨍하고 정말이지 운동이건 체험 학습이건 여행이건, 무조건 떠나고픈 날씨였다. 운동장에 깔린 잔디 위로 풀벌레들이 날아다녔다. 나무 밑 풀밭에는 강아지 똥이 있었다. 밤에 몰래 산책 나온 동네 강아지가 싸 놓은 모양이었다. 아침마다 학교를 관리하는 보안관 할아버지가 청소를 하는데, 오늘은 깜빡 밤톨만 한 덩어리를 놓쳤나 보다. 냄새를 맡은 파리가 날아와 개똥을 파고들 때 어디선가 날아온 축구공이 부근에 떨어졌다.

　"영민아, 패스! 패스!"

영민은 가장 먼저 굴러가는 공을 쫓아가 걷어찼다. 영민이 날린 공을 아름이 그대로 슛했는데, 민지가 멋지게 두 손으로 막았다.

"내가 피구 하는 걸 니들 몰랐지?"

피구 솜씨가 뛰어난 민지는 날아오는 공마다 찰떡처럼 받아 냈다. 그뿐이 아니다. 민지는 껑충껑충 뛰면서 공도 잘 찼다. 이번에는 힘이 달렸는지 공이 그다지 멀리 나가지 않았다. 재빨리 태민이 가로채서 드리블하며 외쳤다.

"메시 나갑니다."

영민이 기다렸다는 듯 나섰다.

"음바페 여기 있다! 꼼짝 마라!"

녹림초등학교 운동장에는 서울에서 보기 힘든 천연 잔디가 깔려 있다. 학교에 처음 오는 사람마다 초록빛 운동장을 보며 엄청 부러워했다. 하지만 아이들은 맨날 보는 풍경이라 이 잔디가 얼마나 소중한지 알 수 없었다. 가끔 잔디에 잠자리도 날아오고 무당벌레도 앉아 있곤 했다. 어떤 아이들은 모기가 많다고 투덜댔다. 하지만 초록 잔디는 학교와 어우러져 아름다웠다. 담임 선생님은 초록색을 많이 보면 눈이 건강해진다고 늘 말했다.

"슛!"

영민이 날린 슛은 골대 귀퉁이로 빨려 들어갔다.

"골! 골!"

영민은 골 넣은 기쁨을 표현한다고 음바페처럼 잔디 위를 무릎으로 미끄러졌다. 약속이나 한 듯 학교 안으로 승용차 한 대가 미끄러져 들어왔다. 승용차가 서자마자 운전석 문이 열리더니 한 아저씨가 내리면서 소리를 질렀다.

"영민아, 빨리 와!"

영민이 아빠였다.

"왜요? 아빠."

약간 어두운 얼굴로 영민은 아빠에게 달려갔다. 그사이 영민 아빠는 등나무 그늘에서 학생들이 축구하는 장면을 지켜보던 선생님에게 다가가 인사를 건네며 뭔가를 이야기했다. 선생님은 심각한 표정으로 영민 아빠와 대화를 나눴다. 아빠는 검은 양복을 입고 있었다.

"어, 영민이 아빠가 왜 오셨지?"

"그러게? 체험 학습 가려고 그러나?"

아이들은 축구를 하다 말고 운동장 건너편 벤치를 바라보았다. 담임 선생님은 여전히 심각한 얼굴이었다.

"야, 우리 가 보자."

"가지 말자. 분위기가 이상해."

아이들은 왠지 끼어들면 안 될 것 같았다. 멀찌감치 서서 눈치만 살폈다. 아빠에게 뭔가 이야기를 들은 영민은 눈물을 닦으며 울기 시작했다. 선생님은 정중하게 영민 아빠에게 허리를 굽혀 인사했다. 아빠는 영민을 차에 태웠다. 자동차가 교문을 빠져나가자 선생님은 어두운 얼굴로 아이들이 모여 있는 곳으로 다가왔다.

"얘들아, 영민이 할아버지께서 돌아가셨대. 지금 장례식장에 가야 한다고 했어. 너희는 그만 교실로 들어가자."

"영민이 불쌍해……."

감수성이 풍부한 민지는 눈물을 흘렸다. 아름도 엄마가 아빠와 헤어져 멀리 떠난 생각을 하자 설움이 몰려왔다. 갑자기 영민의 슬픔이 자신의 슬픔처럼 느껴졌다.

교실에는 무거운 침묵이 흘렀다. 담임 선생님이 교실로 들어와 침묵을 깼다.

"민지야, 영민이 가방 좀 싸 줄래? 선생님이 이따 퇴근할 때 집에 가져다준다고 했거든."

민지가 조용히 일어나 영민이 가방을 챙겼다.

"영민이 할아버지, 전부터 아프셨어요. 맨날 걱정하던데 돌아가셨네요."

영민과 이웃에 살아 사정을 잘 아는 민지였다. 선생님도 영민 할아버지에 대해 들었는지 이야기를 덧붙였다.

"영민이 할아버지는 베트남전에 참전하셨대요. 그때 고엽제를 맞아서 오래도록 고생하셨다고 들었어요."

"베트남전이 뭐예요?"

"베트남에서 있었던 전쟁이에요. 그때 한국에서도 군인을 많이 보냈어요."
 선생님은 베트남전과 고엽제에 대해 이야기해 주었다.

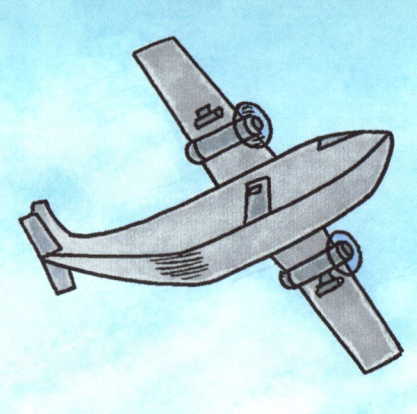

고엽제는 제초제의 한 종류라고 했다. 잡초를 제거하기 위해 만들었는데, 다이옥신과 같은 독성이 함유되었다는 사실이 나중에 밝혀졌다. 베트남전에서 미군은 고엽제를 뿌려서 밀림을 다 없애고 거기에 적들이 숨지 못하도록 하려고 했다.

하지만 고엽제를 비행기에 싣고 마구잡이로 뿌린

탓에 전쟁에 참전했던 대한민국의 수많은 군인도 피해를 입었다. 그때는 고엽제가 그렇게 무서운 피해를 줄지 아무도 몰랐다. 전쟁이 끝나고 한국에 돌아와서도 후유증은 사라지지 않았다. 그 때문에 베트남 주민뿐만 아니라 참전한 군인들이 암을 비롯한 끔찍한 질병에 시달렸고 기형아를 출산하기도 했다.

"정말 나빠요. 왜 그런 독약을 뿌린 거예요? 영민이 할아버지만 불쌍하게."

민지가 다시 훌쩍였다.

"왜, 영민이 할아버지 같은 일이 벌어졌을까요?"

선생님은 아이들의 질문에 대답 대신 의견을 물었다.

"전쟁에서 이기려고요."

"자연을 무시해서 그래요."

선생님은 고개를 끄덕였다.

"인간들이 함부로 약을 뿌려서 그래요."

"밀림에게 보복을 당하는 거 같아요."

선생님은 이 모든 일이 당시에는 잘 모르고 한 일이라고 했다. 한마디로 자연환경을 훼손하면 어떤 일이 벌어질지를 무시한 인간의 잘못이라고 했다. 하지만 그게 어떤 말인지 아이들은 이해하기 힘들었다. 선생님의 설명을 듣고 난 아이들은 남은 체육 시간 내내 환경에 대해 계속 생각했다.

사라진 동물

 고엽제와 밀림, 그곳에서 살아가는 사람들과 후유증에 관한 이야기를 듣고 나더니 아이들은 부쩍 환경에 관심을 가졌다. 교실 청소를 할 때마다 어떻게 하면 빠질까 궁리하던 아이들이 열심이었다. 모두 개인 빗자루를 손에 들고 먼지와 쓰레기를 쓸어 담느라 바빴지만, 대화가 끊이지 않았다.

 "나는 병이나 부상으로만 사람이 죽는 줄 알았어."

 "그러니까. 자연을 망가뜨리려다 사람이 죽을 수도 있네."

 "매일 청소하고 환경을 깨끗이 하라는 게 그런 얘기였나 봐."

 "맞아. 더러우면 병에 걸린다는 말이 그거야."

말없이 쓰레기통에 먼지를 버리던 아름은 자신의 아토피도 음식 환경이 나빠져서가 아닐까 하는 생각을 했다.

"갈수록 왜 이렇게 사람들 건강이 안 좋아질까? 나도 그동안 없던 아토피가 생기고."

아름의 말에 민지가 재빠르게 스마트폰으로 검색했다.

"내가 아토피 검색해 보니까 엄청나. 증가율이 늘고 있대."

아이들은 민지의 스마트폰을 들여다보았다.

"환경이 나빠지면 사람들 건강이 왜 함께 나빠지는지 모르겠어."

청소를 마치자, 민지가 갑자기 복도로 뛰어나갔다.

"어디 가는 거야?"

"도서관에! 궁금해서 못 참겠어. 아토피, 환경, 고엽제 다 알아볼 거야."

"나도 갈래!"

아름이 나서자 단짝인 아이들과 태민도 우르르 도서관으로 갔다. 도서관이 좋기도 하지만, 사서 선생님이 나눠 주는 사탕이 먹고 싶기도 했다. 선생님은 늘 간식을 준비했다가 도서관을 찾아오는 아이들에게 하나씩 주곤 했다. 모두 아이들이 책과 친해졌으면 하는 선생님의 뜻이었다.

도서관으로 달려간 민지는 사서 선생님에게 물었다.

"선생님, 환경과 사람들 건강에 관한 책 있을까요?"

"뭐?"

"담임 선생님이 환경이랑 생태계랑 고엽제, 뭐 이런 거에 대해 알아보래요."

"민지 너, 그동안 유전에 관한 책만 읽었잖아."

민지는 유전공학 과학자가 되는 게 꿈이었다. 그래서 늘 진화나 게놈 같은 책을 찾았다. 그렇다 보니 모든 현상을 유전자와 연결해 생각했다.

"야, 왜 수컷 새가 예쁜 줄 알아? 암컷에게 잘 보여서 자신의 유전자를 널리 퍼뜨리려고 그렇게 진화한 거야. 그래서 생명체의 행동은 유전자를 보면 다 알 수 있어."

간혹 이런 엉뚱한 소리를 하기도 했다.

"네, 지금은 환경이요. 선생님, 빨리 책 주세요."

민지의 성화에 사서 선생님이 고개를 끄덕였다.

"그래. 요즘 환경이 중요해지긴 했어. 책 골라 줄게."

선생님은 환경 분야로 가서 책을 잔뜩 뽑아 책상 위에 올려놓았다. 아이들은 선생님이 찾아 준 책들을 들춰 보았다. 이 책 저 책 보면서 아이들이 한마디씩 떠들었다.

"자연이 망가지고 환경이 변하면서 멸종 위기 동물이 늘었대."

"백곰이 불쌍해. 얼음이 녹아서 북극곰 살 곳이 줄어든대."

"이렇게 비가 많이 오고 기후가 망가진 건 탄소가 늘어서래."

아름은 그 가운데 곤충 책을 들춰 보았다. 《우리나라에서 사라진 동물》이라는 책이었다. 곤충 사진과 그림, 그리고 과거 사진이 잘 나와 있었다. 아름은 책장 넘기던 손을 멈췄다. 자기 몸집보다 훨씬 큰 똥을 동그랗게 굴리는 소똥구리 사진이었다. 사진 옆에는 박스로 작은 정보 글이 쓰여 있었다.

부상마 '포나인즈', 소똥구리에게 자신의 똥 먹여

다리 부상으로 은퇴한 경주마 '포나인즈'가 국립생태원 멸종위기종복원센터에 기증돼 소똥구리 복원 사업에 도움을 주고 있다. 마사회는 매년 3000여 마리의 경주마 가운데 1400여 마리가 퇴역하고 있다고 밝혔다. 이 중 승용마로 쓰이는 말은 고작 35% 정도뿐이다. 퇴역마 관리에 어려움을 겪어 오던 상황에서 멸종 위기 야생 생물인 소똥구리 복원 사업에 경주마를 활용하기로 했다.

소똥구리는 말과 소의 분변을 먹거나 알을 낳는 보금자리로 활용하는 곤충으로, 생태계의 가장 중요한 분해자다. 빠른 시간 내에 가축의 분변을 분해해 생태계 물질 순환을 도울 뿐만 아니라, 지구 온난화의 주범인 온실가스를 줄여 준다. 게다가 분변에 있는 해충 및 유해 세균의 증식도 억제한다. 현재 한국에서 소똥구리는 멸종 위기 야생 생물 Ⅱ급으로 과거에는 소똥구리를 쉽게 볼 수 있었지만 최근 발견하지 못하고 있다. 원인으로는 방목이

줄고, 집단으로 사육하면서 항생제를 사료에 섞어 먹이는 등 축산업 변화가 주요 원인이다.

환경부와 국립생태원은 이에 소똥구리 200마리를 몽골에서 들여와 증식 및 복원을 위한 연구에 착수했다. 소똥구리는 이름은 소똥이지만 말똥도 즐겨 먹는다. 자료에 따르면 소똥구리 8~9마리가 일주일에 말똥을 1~2kg까지 먹는다고 한다.

마사회는 활동이 불가능한 퇴역 경주마 한 마리를 국립생태원에 기증하기로 했다. 최병부 마주의 '포나인즈(국내산, 5세)'는 앞다리에 심각한 부상을 입었지만 수술과 재활로 보행이 가능하다.

국립생태원에 들어온 경주마가 똥을 싸고, 그것을 소똥구리가 굴린다는 설명이었다.

"어, 여기 재밌는 얘기가 있어? 멸종 위기종인 소똥구리가 없어서 복원한대."

아름의 말에 민지가 고개를 빼서 보더니 외쳤다.

"아, 소똥구리 귀여워!"

아이들 대부분은 소똥구리 사진을 처음 보았다.

"똥을 먹는다는데? 아, 더러워."

"우리 옆집 할아버지 소 많이 기르는데, 똥에 이런 거 없던데."

그때 몽골에서 온 아자르가 사진을 보더니 입을 열었다.

사라진 동물 53

"이거 소똥구리! 나 몽골에 있을 때 많이 봤어. 말이나 소 있는 곳에 정말 많아."

갑자기 아이들은 아자르가 새롭게 보였다.

"그게 정말이야?"

"응, 엄청 많아."

그 말이 아이들 호기심과 궁금증의 스위치를 눌렀다.

"나, 소똥구리 보고 싶어."

"복원하고 있다잖아."

"그럼, 우리 소똥구리 보러 가자. 우리나라에 있다는 거잖아."

"……"

아이들 사이에 정적이 감돌았다. 어딘지도 모르고 어떻게 해야 소똥구리를 볼 수 있을지도 알 수 없었다.

"그, 그럴까?"

아름의 제안에 민지가 동의하자 아이들 얼굴에 미소가 번졌다.

그날 이후 아름과 민지, 그리고 마음 맞는 몇몇 아이들은 시간이 날 때마다 도서관을 찾았다.

사랑해, 소똥구리야

민지와 아름은 소똥구리에 완전히 마음이 꽂혔다. 도서관에서 자료를 이것저것 찾다 보니 소똥구리를 보고 싶다는 생각이 더욱더 강해졌다. 똥이라는 말이 들어가서 좀 우스울 것 같았지만 전혀 그렇지 않았다.

'아, 소똥구리 한 번만 직접 보면 소원이 없겠다.'

다들 소똥구리를 보고 싶었지만, 아무도 다시 먼저 말을 꺼내지 않았다. 국립생태원은 너무 멀었고, 열두 살 아이들끼리 찾아가기란 쉽지 않아 보였다. 인터넷을 찾아보고 책을 읽으며 최신 정보를 서로 공유하는 게 전부였다.

아자르는 몽골에선 흔하디흔한 소똥구리를 왜 이리 보고 싶어 하는지 이해가 가지 않았다.

"몽골에는 소똥구리가 길가에 널렸는데. 아주 새까맣게 있다니까. 생김새도 여러 가지야."

"그렇게 많아? 여기 모기만큼 많아?"

"모기보다 더 많아."

"정말?"

"그런데 한국에는 왜 소똥구리가 없지. 정말 이상해."

몽골의 드넓은 초원에서 나고 자란 아자르였다. 어려서부터 말 등에서 살다시피 했다고 해도 과언이 아니다. 그러다 엄마 아빠를 따라 한국으로 왔다. 아빠 엄마는 서울 마장동 도축장에서 일했다고 했다. 몽골에서 소나 양을 키우는 목축업을 하던 아자르 부모님은 가축이라면 뭐든 잘 다루었다. 그러다 아빠 건강이 나빠져서 이곳 녹림시로 이사를 왔고, 아자르는 녹림초등학교로 전학을 오게 되었다. 아빠는 작게 정육점을 차렸고, 엄마는 녹림시 외곽에 있는 몽골문화촌에서 일했다. 몽골문화촌에서는 사람들에게 몽골 문화를 알려 주는데, 말타기 체험도 할 수 있었다. 아자르는 서울보다 녹림시가 훨씬 좋기는 했지만, 늘 몽골의 드넓은 초원이 그리웠다.

소똥구리는 아름이네 반 아이들을 조금씩 변화시켰다. 잘 어울리지 못하던 아자르는 아이들 관심의 대상이 되었다. 조용하게 지내던 시원은 지점토로 소똥구리를 만들어 와서 까만 칠을 했다. 얼핏 보면 정말 교실에 소똥구리가 와 있는 듯했다. 그림 잘 그리는 용식은 소똥구리 그림을 스마트폰으로 그려서 아이들에게 문자로 보내 주었다. 민지는 소똥구리 그림을 작고 예쁘게 그려서 핀에 매달아 머리에 꽂고 다녔다.

"내 소똥구리 머리핀 어때?"

"와, 귀여워! 귀여워!"

신기하고 예쁘다며 갖고 싶어 하는 아이들에게는 민지가 소똥구리 머리핀과 배지를 만들어 주었다. 두꺼운 판지에 소똥을 밀고 가는 소똥구리를 그리고 색칠한 뒤, 잘 오려서 접착제로 멋있게 붙여 주었다. 민지의 세심함에 살짝 놀라기도 했지만 모두 즐거워했다. 소똥구리 열풍은 반 전체에 활력을 가져다주었다.

아이들이 온통 소똥구리에 빠져 있자 담임 선생님이 물었다.

"여러분, 어쩐 일이에요? 우리 반에서 소똥구리가 패션 코드가 된 거예요?"

"선생님, 소똥구리 보러 갈 방법은 없을까요?"

"글쎄, 인터넷으로 찾아보면 되지 않을까요?"

"그런 거 말고 진짜요. 진짜를 보고 싶어요."

"아자르가 그러는데 진짜 소똥구리 엄청 귀엽대요. 풍뎅이같이 생겨서……."

담임 선생님도 문득 소똥구리를 본 적이 없다는 생각이 들었다. 아무리 기억을 더듬어 봐도 풍뎅이나 사슴벌레는 보았는데 소똥구리를 보지는 못했다.

"선생님도 소똥구리 한 번도 못 봤어요. 아버지 말씀이 옛날에는 서울에도 소똥구리가 있었다는데. 땅강아지라든가 소똥구리가 막 기어다녔다고요."

"에이, 그건 옛날 얘기래요. 요즘은 환경이 오염되어서 그런 거 없대요."

아름은 아빠에게 물어보기로 했다. 아름 아빠는 국립공원에서 일을 하니 혹시 소똥구리를 보았을지 모른다는 생각에서였다. 또 소똥구리가 왜 사라졌는지도 알지 몰랐다.

그날 저녁 아름은 아빠가 오기만 기다렸다. 저녁 6시가 조금 지나자 문 열리는 소리가 들렸다. 아름 아빠는 직장에서 일이 끝나면 엄마 없이 혼자 있는 아름을 생각해서 되도록 빨리 온다. 엄마가 떠난 뒤로 아빠의 얼굴에는 늘 그늘이 져 있었다.

"아름아, 아토피 요즘은 어때?"

기회를 엿보던 아름은 이때다 싶어 말을 꺼냈다.

"아빠, 저 인스턴트 안 먹기로 했어요. 아토피가 인스턴트식품 때문에 생긴 것 같대요. 그래서 보건 샘이 먹지 말래요. 냉장고에 있는 거 다 버렸어요."

아빠는 난감했다. 시간도 부족하고 요리를 못하는 아빠로서는 인스턴트식품이 있어서 그나마 식탁을 차릴 수 있었다. 하지만 아름의 건강을 생각하면 간단하게라도 만들어 먹는 것이 정답이었다.

"근데, 궁금한 게 있어요."

"뭔데?"

"아빠도 인스턴트를 먹는데, 왜 아토피 안 생겨요?"

"글쎄?"

안 그래도 아빠는 그 점이 미안했다. 아들은 아토피로 고통받는데 아빠라는 사람은 같이 인스턴트 음식을 먹고도 멀쩡하니 말이다.

"나는 그동안 인스턴트식품에 익숙해서가 아닐까?"

"그런가……?"

아름은 하루 종일 긁어 대서 지친 몸을 씻고 싶었다. 부드러운 아토피 비누로 살살 샤워를 하고, 연고까지 바르고 나니 개운했다. 화장실 문을 열고 나오는 아름을 보더니 아빠가 확신에 찬 목소리로 말했다.

"아름아, 검색해 보니까 드물기는 하지만 너처럼 갑자기 안 먹다가 인공 첨가물이 들어간 음식을 많이 먹은 사람들이 아토피에 걸리기도 한대. 여기 인터넷에 나온 어떤 아주머니는 아들을 스무 살이 될 때까지 직접 간식도 만들어 먹이고 절대 파는 음식을 안 먹였대."

"그런데요?"

"아들이 군대에 가더니 아토피에 걸려 버렸대."

"왜요?"

"아무래도 군대에서 먹는 음식은 집에서 엄마가 해 준 음식보다 화학조미료나 각종 첨가물이 더 들었겠지."

아빠가 찾은 블로그에는 정말 아토피가 잔뜩 올라온 아들의 사진과 함께 속상하다는 내용이 적혀 있었다. 아름은 문득 베트남전에서 고엽제를 맞은 영민 할아버지와 관련이 있는지 궁금했다. 군인이라고 하니 뭔가 연관이 있을 듯했다. 궁금한 건 못 참는 아름은 아빠에게 물었다.

"아빠, 영민이 할아버지가 베트남전쟁에 갔다가 고엽제 후유증으로 고생하시다 돌아가셨잖아요."

"그래, 아빠도 알지."

"할아버지 돌아가시게 한 고엽제랑 인스턴트식품에 들어 있는 첨가제가 비슷한 거예요?"

"아니야. 고엽제는 독극물이야. 첨가제는 음, 글쎄다. 아주 적은 양을 어쩌다 한두 번 먹는 건 괜찮을 거야. 지나치게 많이 먹으면 몸에 좋지는 않겠지. 그나저나 넌 이게 뭐냐?"

아빠가 아름이 벗어 놓은 옷을 정리하다 가슴에 붙어 있던 소똥구리 배지를 가리켰다.

"소똥구리 배지예요."

"소똥구리?"

"네. 같은 반 민지가 만들어 줬어요. 과학자가 꿈이라서 그런지, 뭐든 뚝딱 잘 만들어요. 우리 반 애들은 하나씩 다 가지고 있어요. 아빠, 한국에서 소똥구리가 멸종했대요. 오염된 환경 때문에. 아빠도 알고 있었어요?"

"보기 힘든 줄은 알았지만, 아예 없는 줄은 몰랐네. 소도 많이 기르는데 왜 없지?"

"소똥구리가 소똥을 먹을 수가 없대요."

"그게 무슨 말이야?"

"사람이 먹기 좋게 소에게 사료를 먹이잖아요. 그러면서 그 안에 항생제라든가 영양제를 섞어 먹이다 보니 소똥에도 그 성분이 남아 있대요. 그런 똥을 먹으면 소똥구리가 죽고요. 그래서 사라졌대요."

아름은 그동안 소똥구리에 관해 공부한 내용을 신나서 이야기했다. 아빠는 아름이 대견했다. 꽤 어려운 지식까지 줄줄 말하며 오랜만에 즐거워 보였기 때문이다.

"와, 아들, 제법인데!"

"아빠, 소똥구리를 지금 복원하는 곳이 있는데 멸종위기종복원센터래요."

"그래 알지. 생물종 복원하는 일을 하는 기관이 우리나라에 여러

곳 있을 거야."

"소똥구리는 영양에 있대요. 아빠, 나 거기 가 보고 싶어요."

"영양? 경상북도?"

"네. 가서 견학하고 싶어요."

"너 혼자?"

"아니, 우리 반 애들 다 가고 싶어 해요. 아빠가 혹시 알아볼 수 있어요?"

"글쎄, 지리산에도 종복원센터가 있어. 거기 과장님이 반달곰 복원하는 일에 참여하시긴 했는데. 아빠가 한번 물어볼게."

"아빠, 꼭 알아봐 주세요."

"알았다."

그날 아름이네는 인스턴트 음식 대신 밥을 하고, 김치에 달걀 프라이를 해 먹었다. 특별한 요리는 없었지만 아름은 왠지 건강해지는 느낌이었다. 인스턴트식품 대신 아빠가 직접 해 준 음식을 먹어서일지 모른다.

무너진 희망

 며칠 뒤에 아름 아빠에게 좋은 소식이 왔다. 멸종위기종복원센터에서 소똥구리를 보러 와도 좋다는 내용이었다. 아빠는 직장에서 기쁜 마음으로 아름에게 문자를 보냈다.

> 아들, 센터에 소똥구리 구경하러 갈 수 있냐고 물어보니까 기꺼이 오란다.
> 말도 볼 수 있대!
> 담임 선생님이 허락하시면 너희 학교 체험 학습으로도 갈 수 있을 것 같아. 공문 한 장만 보내면 된대.

아름은 뛸 듯이 기뻤다. 수업 시간인 것도 깜빡 잊고 앞으로 나가 선생님에게 아빠에게서 온 문자를 보여 주었다.

"선생님, 아빠가 소똥구리 볼 수 있게 해 주신대요."

엄마가 집을 떠난 뒤 기를 펼 날이 없던 아름은 오랜만에 어깨가 으쓱했다. 이런 일은 아름이 아빠만 해 줄 수 있는 일이었다.

"어머, 대단한 일이네?"

담임 선생님도 문자를 보자 흥분했다. 곧 진행할 체험 학습 시간에 소똥구리를 보러 가면 좋겠다고 생각했다.

"여러분, 어쩌면 체험 학습을 종복원센터로 갈 수 있겠어요."

회장인 은별이 물었다.

"우리 반 모두요?"

"그래요, 이제부터 준비해 봐야죠."

"와, 신난다."

"만세!"

아이들은 모두 자리에서 벌떡 일어나 소리쳤다. 소똥구리에 푹 빠진 아이들은 물론이고 반 전체가 소똥구리 팬이었다. 심지어 태민은 소똥구리 노래까지 만들었다.

구리 구리 구리 똥 소똥구리
구리 구리 똥 구리 말똥구리

우리는 굴린다 무엇이든지

동글동글 동글동글 굴리다 보면

소똥 말똥 달콤한 떡이 되고요

말똥 소똥 맛있는 밥이 되지요

구리 구리 구리 똥 소똥구리

엉터리 노래였지만 아무래도 상관없었다. 기대에 찬 아이들 마음을 표현하기에 충분했기 때문이다. 곧 교실에서는 시도 때도 없이 소똥구리 노래가 울려 퍼졌다. 급기야 체험 학습을 갈 때 버스 안에서 이 노래를 부르기로 했다. 버스는 관광버스 운전을 하는 태민이 아빠가 준비해 주기로 했다.

교실 벽에는 아이들이 그린 소똥구리 그림이 가득했다. 영민은 친구들의 변화와 관심이 반갑기도 하고 고마웠다. 이 모든 일은 고엽제 피해로 돌아가신 할아버지로부터 비롯되었기 때문이다.

"얘들아, 고마워. 우리 할아버지는 국립묘지에 잘 모셨어. 평생 고엽제 때문에 고생하셨는데, 이제 하늘나라에서 편안해지실 것 같아."

그때 아자르가 말했다.

"영민아, 너도 소똥구리 같이 보러 가자."

"나, 가서 소똥구리 보면 할아버지 생각날 것 같은데."

영민은 할아버지 생각에 잠시 눈시울을 붉혔다. 소똥구리가 잘 살아갈 수 있다면, 고엽제라든가 인체에 해로운 화학 약품이나 공해 물질이 없는 곳일 거라는 생각이 들었다.

"그래, 나도 갈래. 다시는 할아버지처럼 아파하는 사람이 있으면 안 되니까. 건강한 소똥구리를 보고 싶어."

"소똥구리 가득한 나라라면 너희 할아버지도 행복하실 거야."

아이들은 손가락을 꼽아 가며 체험 학습 날이 오기를 기다렸다. 선생님은 체험 학습 날이 정해지고, 칠판에 D-15라고 적어 놓았다.

"와, 저 숫자 빨리 줄어들면 좋겠어."

"나는 내일이 체험 학습 날이면 소원이 없겠다."

어떤 아이들은 두 손을 붙잡고 기도하는 시늉까지 했다.

"오, 하느님. 제발 저 날이 빨리 오게 해 주세요."

"부처님, 알라신이시여. 어서 빨리 가게 해 주세요."

조용하기만 하던 학교가 아이들의 부푼 기대로 들썩였다. 칠판에 쓰인 숫자가 줄어들수록 기대도 커졌다. 그만큼 희망은 열기구처럼 하늘 높이 치솟았다.

"우리 소똥구리 일기를 쓰자."

민지의 말에 아름과 아자르는 고개를 갸웃했다.

"일기는 뭐든 쓸 수 있다고 선생님이 그러셨어. 자, 이거 봐. 그림 일기 어때?"

민지는 벌써 일기를 쓰고 있었다. 소똥구리가 굴리는 소똥 위에 공주가 앉아 있었다.

"서, 설마 이 공주가?"

"응, 나야."

민지가 자랑스럽게 고개를 까딱하는 바람에 아름과 아자르는 웃음을 터뜨렸다.

"하하! 그럼 소똥구리 공주냐?"

"똥 공주? 그러네, 헤헤헤!"

태민과 아름과 아자르가 번갈아 놀리자 민지는 화가 났다.

"야, 누가 똥 공주야? 소똥구리가 힘이 세니까 내가 올라타도 잘 굴릴 수 있다고 생각해서 그랬다고! 아무것도 모르면서. 거기 서!"

"잡아 봐라!"

아이들은 가만 안 두겠다며 쫓아오는 민지를 피해 운동장까지 내달렸다. 그렇게 한참 운동장을 뛰어다니다 지친 아이들은 다 함께 잔디밭에 벌렁 누웠다.

"곤충은 사람보다 훨씬 힘이 세. 벼룩은 높이뛰기 선수라잖아. 한 번 뛰면 삼십 센티미터도 거뜬히 뛴다고."

"그깟 삼십 센티미터? 메뚜기나 방아깨비는 그보다 더 높이 뛰어."

"맞아."

태민과 아자르는 별것 아니라는 듯 콧방귀를 뀌었다.

"이런 무식하긴. 벼룩은 몸길이가 겨우 일이 밀리미터야. 그러니까 삼십 센티미터를 뛰어오르는 건 자기 몸의 백 배 이상을 뛰어오르는 거라고. 사람으로 치면 저기 하늘로 이백 미터 뛰어올랐다가 내려오는 거나 마찬가지야."

"와, 듣고 보니 그렇네."

다들 민지의 놀라운 지식에 할 말을 잃었다. 으쓱해진 민지가 쐐기를 박았다.

"벼룩이 높이뛰기를 왜 이렇게 잘하는 줄 알아?"

"몰라."

"내가 그럴 줄 알았어."

민지는 뜸을 잔뜩 들인 뒤, 과학 선생님이라도 된 듯 조곤조곤 설명했다.

"옛날 옛날에 벼룩은 날개가 있었대. 그 날개로 날아다니다가 점점 필요 없어지니까 퇴화했는데, 등에 있던 날개 근육이 옆으로 옮겨 가서 점프할 때 쓰이는 거래."

"와! 날개는 퇴화했지만, 뒷다리가 진화했네."

"맞아."

"나는 벼룩이다, 오예!"

누웠던 아자르가 펄쩍 뛰어 일어났다. 아름과 태민도 덩달아 팔짝 뛰며 벼룩처럼 높이 뛰어 보았다. 민지의 얼굴에도 활짝 웃음꽃이 피었다.

마침내 칠판의 숫자가 D-1이 되었다. 아침부터 아이들은 모두 흥분했다.

"드디어 내일 우리 가는 거야."

"와, 신난다."

"종복원센터에는 소똥구리 말고도 볼 게 많대."

아름은 이미 검색을 끝냈다. 소풍 가듯 맛있는 김밥도 먹고, 소똥구리와 퇴역 경주마 포나인즈, 그리고 다른 곤충과 희귀 동물도 볼 수 있다니 가슴이 설레었다.

오후가 되자 민지는 창밖을 연신 내다보았다. 언제부터인지 구름이 잔뜩 몰려왔다.

"어, 날씨가 왜 이래?"

일기예보를 살펴본 선생님의 얼굴이 어두웠다.

"여러분, 내일 날씨가 갑자기 안 좋아서 어떻게 될지 모르겠어요."

"안 돼요!"

"선생님, 비 오면 안 돼요!"

"비 와도 꼭 가야 해요."

아이들이 여기저기서 간절한 마음으로 외쳤다. 하지만 하늘은 무심했다. 학교를 마치고 집에 돌아오자, 천둥 번개가 치기 시작하더니 먹구름이 시커멓게 끼었다. 일기예보도 우울한 이야기뿐이었다.

"남부 지방에 호우주의보가 내렸습니다. 오늘과 내일 사이에 산간 지방에서는 지형에 따라 150밀리미터 이상의 호우가 내릴 전망입니다. 차량 운행이나 농작물 피해에 주의를 기울여 주시기 바랍니다."

텔레비전 화면은 한반도와 서해 전체를 뒤덮은 구름으로 한가득이었다.

"쳇, 일기예보가 맞을 리 없어."

아이들은 각자 집에서 창밖만 내다보았다.

저녁때가 되자 억수같이 비가 퍼부었다. 일기예보가 맞았다. 창문을 때리는 빗줄기 소리를 들으며 아름은 기도까지 했다.

"하느님, 내일 말짱히 개게 해 주세요. 제발, 기적을 일으켜 주세요."

눈앞에 소똥구리와 포나인즈가 아른거렸다. 비를 맞으며 퇴근한 아빠는 안절부절못하는 아름을 보며 걱정스러운 듯 달랬다.

"아름아, 내일 비가 오면 다른 날 가면 되지 않을까?"

"안 돼요. 체험 학습은 정해진 날 가야 한단 말이에요."

아빠는 아름이 눈에서 이글이글 불이 타오르는 듯해 재빨리 고개를 끄덕였다.

"알았다, 알았어."

그날 밤, 아름이네 반 아이들은 모두 소똥구리 꿈을 꾸었다. 아자르는 커다란 소똥구리를 말처럼 타고 달리기까지 했다.

이튿날 아이들은 아침 일찍 눈을 떴다. 야속하게도 창밖으로 비는 계속 내리고 있었다. 아름은 김밥을 싸고 간식을 챙겨서, 일단 학교로 가 보기로 했다.

"아이고, 날씨가 너무 궂은데."

"……"

비가 너무 쏟아지자 아이들은 부모님이나 이웃의 차를 이용해 등교했다. 먼 지역 아이들이 타는 스쿨버스도 교문 앞에 모습을 드러냈다.

"우리 학교 주무관 아저씨 때문에 우리는 안 돼."

교실에서 물끄러미 창밖을 내다보던 은수가 중얼거렸다.

"주무관 아저씨라니?"

궁금증을 못 참는 아름이 물었다.

"우리 학교 주변이 지금은 앞뒤로 차가 다니는 복잡한 곳이지만, 옛날에는 깊은 산속이었대. 그래서 일제 시대에 학교를 짓는데, 나무들을 베어 내고 지어야 했어. 그래서 주무관 아저씨가 있었는데……"

"주무관 아저씨는 뭐냐고?"

아름이 또 물었다.

"그러니까, 요즘은 학교에서 추울 때 전기 히터를 틀지만 옛날에는 난로를 땠어."

"알아, 알아. 도시락을 덥혀 먹고 그랬잖아."

"응. 난로에 불 때 주는 아저씨가 주무관이야. 우리 학교 주무관 아저씨가 나무를 구하려고 뒷산에 갔다가 글쎄, 커다란 괴물 뱀을 잡았는데 이 뱀이 바로 이무기였어."

"이무기? 이무기는 뭐야?"

"천 일 동안 기도해서 용이 되려고 준비하던 뱀이야. 용이 되기 직전의 큰 뱀을 이무기라고 하는데, 그 뱀을 아저씨가 보더니 막대기로 잡은 거야."

"어머! 어떡해? 무서워."

"하루만 더 있으면 이무기가 하늘로 올라가 용이 되는데, 아저씨 때문에 올라가지 못했대. 이무기가 죽으면서 저주의 눈물을 흘렸다는 거야. 그래서 우리 학교가 소풍을 가거나 큰 행사를 치를 때면 그 눈물이 비가 되어 내린다는 말씀."

"와! 너 그런 얘기 어디서 들었냐?"

"송이 언니가 알려 줬어. 우리 언니가 학교 다닐 때도 맨날 소풍 갈 때나 운동회날이면 비가 왔대."

"맞네, 맞아. 지난해에도 비 많이 와서 못 간 거 기억 안 나냐?"

"그러네. 가을 운동회 때도 갑자기 비가 와서는 다 대피했잖아."

무너진 희망

"그거 봐. 이무기의 저주야."

아이들은 창밖에서 줄기차게 내리는 빗물이 이무기의 눈물이라며 몸서리쳤다.

"아, 정말 무서워. 그러니까 산에 있는 뱀이라든가, 동물들 막 죽이고 나무 베고 그러면 안 돼. 원한이 쌓이거든."

그때 교장 선생님이 긴급 회의를 소집했다. 운동장에는 태민 아빠가 끌고 온 대형 버스가 비상등을 깜빡이며 서 있었다. 태민 아빠는 마음이 놓이지 않는 듯 선생님마다 붙잡고 얘기했다.

"비가 너무 많이 오는데요?"

"글쎄 말이에요."

아이들은 모두 교장실 앞으로 몰려가 회의 결과를 기다렸다.

"어떡하지?"

"우리 체험 학습 못 가면 안 되는데."

"소똥구리 봐야 하는데."

민지는 발을 동동 굴렀다. 아이들의 이런 마음을 아는지 모르는지 회의가 길어졌다.

"교장 선생님, 어떻게 하실 겁니까?"

"글쎄요? 비가 오지만 갈 수 있지 않을까요?"

"태민 아버님은 원한다면 갈 수는 있답니다."

"텔레비전 좀 켜 보시죠."

교장 선생님 말에 재빨리 교감 선생님이 리모컨 버튼을 눌렀다. 마치 기다렸다는 듯 날씨에 대한 뉴스가 쏟아져 나왔다.

"뉴스 특보입니다. 지금 경상도 산악 지역 곳곳에서는 산사태가 우려되고 있습니다. 폭우로 강물이 범람 위기에 놓인 곳도 있습니다. 농산물과 시설 관리에 특별히 유의하시기 바랍니다."

부모님들과 선생님들은 모두 교장 선생님 얼굴만 보았다.

"학교를 관리하고 아이들 안전을 걱정하는 저로서는 결정을 내리기가 어렵습니다. 담임 선생님, 어떻게 생각합니까?"

아름이네 담임 선생님이 심각한 얼굴로 대답했다.

"교장 선생님, 저도 아이들 안전이 우선이라고 생각합니다. 소똥구리가 어디 가는 건 아니니까요. 오늘은 일단 취소하시죠."

교장실 안에 있던 사람들이 모두 고개를 끄덕였다.

"그렇게 하시지요."

교장 선생님이 문을 열고 나가자, 눈동자 수십 개가 한꺼번에 날아와 꽂혔다. 아이들의 간절한 눈빛에 교장 선생님은 어쩔 줄 몰랐다.

"교장 선생님, 어떻게 됐어요?"

아름도 눈을 크게 뜨고 교장 선생님 입만 바라보았다. 아이들은 모두 가슴이 조마조마했다. 아자르는 말에게 먹인다고 당근도 큰 것으로 하나 가방에 몰래 넣어 왔다.

"얘들아, 미안하다. 오늘은 비가 너무 와서 체험 학습을 미루기로

했다. 밖을 봐라."

야속하게도 장대비가 계속 퍼붓고 있었다. 좀처럼 멎을 낌새가 없었다.

"안 돼요오!"

"정말요?"

복도는 순식간에 탄식의 바다가 되었다.

"애들아, 대신 교실에서 영화 보자. 선생님이 아주 재미있는 영화 찾아 놨어."

담임 선생님은 아이들을 달래느라 진땀을 흘렸다. 태민 아빠는 대형 버스에 시동을 걸고 요란한 소리만 남긴 채 운동장 밖으로 빠져나갔다. 버스 뒤에 켜진 빨간 불이 마치 멈추라는 붉은 신호등 같았다.

아이들은 교실에 앉아 맥없이 선생님이 틀어 준 영화를 보아야만 했다. 머릿속에는 오로지 신선한 똥을 싸는 말과 그 똥을 굴리는 소똥구리로 가득했다.

"애들아, 다음에 꼭 가자. 오늘만 날이 아니잖아?"

아이들은 아무 대꾸도 하지 않았다.

"힝, 소똥구리 보고 싶어."

"난, 말을 한 번도 본 적 없는데."

아이들 생각은 하나같았다. 소똥구리와 소똥구리가 먹을 똥을 싸는 경주마 포나인즈뿐이었다.

도대체 언제 볼 수 있냐고?

그렇게 한 달이 지나고, 한낮이면 슬슬 더워지는 5월이 되었다. 얼핏 보기에는 아이들도 소똥구리 보러 가는 것을 잊은 듯했다. 덩달아 영민도 할아버지가 돌아가신 충격에서 조금씩 벗어나는 듯했다. 아이들과 어울려 놀기도 하고 조금씩 웃음을 되찾았다. 선생님은 보이는 것처럼 아이들 관심이 다른 데로 옮겨 갔기를 바랐다. 하지만 아이들 생각은 달랐다. 선생님 앞에서는 체험 학습에 대해 입도 뻥긋 않고, 부모님에게 떼쓰지도 않았다. 말해 봐야 크게 달라지는 건 없었기 때문이다. 조용한 듯했지만 더 강렬하고 뜨거운 기운이 흘렀다. 아름과 민지뿐만 아니라, 반 아이들 모두 소똥구리 마니아가 되었다.

이제 소똥구리는 한 마리 벌레가 아니라 종교와도 같았다. 아니 아이돌 그룹을 향한 관심보다 더 강렬했다.

"우리 어떻게 하면 소똥구리를 보러 갈 수 있을까?"

"그러게 말이야."

그때 담임 선생님이 교실로 들어왔다.

"여러분, 지난번 취소했던 체험 학습 갈 곳을 다시 정해야 할 시간이에요. 지난해엔 용인에 있는 놀이공원 갔었는데, 올해는 어디로 갈까요? 이번에도 놀이공원으로 갈까요?"

1학년은 가까운 놀이공원에 간다고 했다. 2학년은 식물원, 3학년은 동물원이었다. 하지만 5학년 아름네 반 아이들은 이때다 싶어 이구동성으로 소리쳤다.

"소똥구리 보러 가요!"

"또 소똥구리야?"

"네! 당연하죠."

담임 선생님은 아이들 생각을 가볍게 여긴 걸 후회했다. 그리고 한 가지에 이토록 열심인 아이들이 대견하기도 했다.

"휴! 알았어요. 여러분, 정말 대단하네요. 소똥구리 보러 갈 수 있을지 다시 한번 알아볼게요."

선생님은 그날 오후 태민 아빠에게 연락해 버스를 빌릴 수 있는지 알아보았다. 때마침 들놀이 철이라 바쁘지만, 일주일 뒤라면 시간을

낼 수 있다고 했다.

"여러분, 태민 아버지께서 시간을 내실 수 있대요."

"와, 신난다. 만세! 만세!"

아이들은 모두 환호성을 질렀다. 교장 선생님도 기쁜 마음으로 허락했다.

"김 선생님, 6학년도 같이 가면 어때요?"

"6학년이요?"

"그래요, 6학년이 스무 명 정도밖에 안 되니까 5학년과 6학년이 함께 가는 걸로 합시다."

"아, 네. 좋은 생각이네요. 그렇게 하겠습니다."

2주 뒤에 소똥구리와 소똥구리에게 똥을 제공하는 포나인즈를 보러 가기로 결정했다. 부모님도 모두 나쁘지 않다고 했다. 아이들이 그동안 얼마나 간절히 소똥구리를 보고 싶어 했는지 지켜봐서 너무나 잘 알기 때문이었다. 아이들은 그사이 소똥구리에 관한 공부를 얼마나 했는지 모두 곤충 박사, 환경 박사가 되었다. 발표 시간만 되면 무조건 소똥구리와 연결 지어 이야기했다.

"소똥구리 다섯 마리가 어느 날 집을 나갔는데 네 마리가 더 왔어. 그러면 모두 몇 마리야?"

"소똥구리는 보통 자신의 몸무게보다 열 배나 되는 무게를 이동시킬 수 있대. 어떤 건 힘이 너무 세서 천 배가 넘는 무게도 옮긴대."

"똥이 쌓인 곳에서 알을 낳는 녀석도 있고, 똥 아래 있는 땅을 파서 똥을 떨어뜨린 뒤에 그 안에 알을 낳는 녀석도 있어. 우리가 아는 것처럼 똥을 동그랗게 만들어 멀리 굴려 가서, 땅을 파고 똥을 넣은 뒤 안으로 들어가 알을 낳는 녀석도 있대."

"천연기념물 장수하늘소도 몇 마리 없어서 멸종 위기에 처했지만 지금은 조금씩 늘고 있대요. 소똥구리도 반드시 다시 복원해야 한다고 생각합니다."

"지리산 반달가슴곰도 이제 복원이 많이 진행되었어요. 소똥구리도 머지않아 우리 들판 여기저기서 발견할 수 있을 거예요."

아이들의 열정으로 제대로 된 체험 학습 준비가 되어 갔다. 그러니 아이들은 모두 기도하는 심정이 되었다.

"이번에야말로 소똥구리를 볼 수 있게 해 주세요."

"소똥구리 꼭 보게 해 주세요. 비가 오지 않게 해 주세요."

조금 다른 소원을 비는 아이도 있었다.

"저는 포나인즈를 보고 싶어요. 꼭 몽골 말로 인사하고 말을 걸어 보고 싶어요."

아자르의 소원이었다. 아자르는 몽골에서 키 작고 덩치가 작은 말만 보았기 때문에 키도 크고 다리도 길다는 포나인즈를 꼭 만나 보고 싶었다. 말을 쓰다듬고 말의 향기도 맡아 볼 생각이었다. 아자르에게는 고향의 냄새나 다름없었다. 아자르 아빠도 집에 오면 항상 아자르에게 말했다.

"말을 타고 초원을 달리던 시절이 좋았지."

"아빠, 우리 다시 몽골로 가면 안 돼요?"

"안 돼. 넌 한국에서 선진 기술을 배워 몽골로 가야 해. 네가 훌륭한 사람이 되어 몽골 발전에 도움을 줘야 하니까."

아자르는 마치 몽골을 구해야 할 사명을 띠고 이 땅에 온 듯했다.

"일주일만 있으면 드디어 간다!"

"맞아, 맞아."

기뻐하는 아이들에게 찬물을 끼얹었듯 이번에도 하늘은 아이들 편이 아니었다. 불안한 뉴스가 그날 저녁에 나오기 시작했다.

 "충청도와 경상북도 일대에 구제역이 발생했습니다. 여름에 구제역이 발생하는 것은 특이한 일이지만, 지구 환경 변화에 따른 이상 현상으로 보입니다. 정부에서는 구제역 발생 지역에서는 가축이나 사람의 이동을 금지했습니다. 관계자들과 축산 농민들은 유념하시기 바랍니다."

 뉴스를 본 아름은 아빠에게 물었다.

"아빠, 구제역이 뭐예요?"

아빠는 심각한 표정으로 입을 열었다.

"지금 지리산 부근도 비상이란다. 구제역은 소나 돼지 등이 걸리는 전염병이야. 걸리면 50퍼센트 정도 죽는 아주 무서운 병이지. 이게 발생하면 그 지역은 격리하고 접근을 제한해야 해. 코로나 바이러스와 비슷하지."

"치료하면 되잖아요. 백신도 개발하고 먹는 약도요."

"백신은 있지만, 접종하지 않은 농가가 있기도 해. 그런 농장에서 구제역이 발생하면 아직 효과적인 치료 방법이 없단다. 국립공원에서도 방사한 곰들이 구제역에 걸릴까 봐 무척 신경 쓰고 있어. 제1종 가축 전염병이거든. 돼지콜레라도 그렇고, 정말 동물도 고생이 많아."

이튿날 학교 분위기가 어수선했다. 아이들은 교실 한쪽에 모여서 안절부절못하며 노심초사했다.

"어떡하지? 구제역이 진정되지 않으면 우리 또 못 가는 거야?"

"설마, 설마 아닐 거야."

담임 선생님이 종이 한 장을 들고 교실로 들어왔다.

"여러분, 안 좋은 소식이에요."

"뭐예요? 선생님."

"멸종위기종복원센터에서 공문이 왔어요. 말은 구제역에 안 걸리지만, 다른 동물들이 있기 때문에 외부인 방문을 원칙적으로 금지한다고요."

천둥 번개가 치며 하늘이 무너져 내리는 듯했다.

"그럼 우리 또 못 가요?"

"정말이에요?"

"안 돼요! 아아앙!"

아무리 울고불고해도 소용이 없었다. 구제역 때문이라니 방법이 없었다. 아이들의 실망은 말로 표현할 수가 없었다.

"여러분, 그래서 우리도 그냥 놀이공원으로 가기로 했어요. 어때요, 재미있겠죠?"

선생님은 가라앉은 분위기를 바꾸려 애썼다. 하지만 불처럼 번진 실망감을 끌 수는 없었다.

"놀이공원은 다섯 번도 더 가 봤단 말이에요."

"이번에 가는 곳에는 식물원도 있다니까, 식물들 관찰하고 오기로 해요."

"소똥구리 보고 싶어요. 이이잉!"

"포나인즈 말도 보고 싶어요. 아아앙!"

아이들이 거짓 울음소리를 내며 아쉬움을 쏟아 내자, 선생님 마음도 무거웠다.

"너희가 이렇게 환경과 생태를 중요하게 생각하는 걸 보니, 선생님이 참 잘 가르쳤구나 하는 보람을 느끼네. 허허."

선생님도 웃어야 할지 울어야 할지 알 수 없었다.

일주일 뒤 아이들은 모두 놀이공원으로 갔다. 모처럼 하는 야외 활동이지만 몇몇 아이들을 빼고 나머지는 신나지 않았다. 놀이공원에서도 체험은커녕 한쪽에 모여서 투덜대며 아쉬워했다.
"우리가 원한 건 이게 아닌데. 이게 뭐야?"
"맞아. 이게 아니야."
아름은 아직 덜 나은 아토피가 왠지 소똥구리를 보고 오면 깨끗이 나을 듯했다. 태민은 소똥구리 사진을 많이 찍어 SNS에 올리고, 팔로워를 왕창 늘리고 싶었다. 아자르는 포나인즈의 똥을 한 덩어리 얻어 와서, 병에 담아 놓고 그 냄새를 오랫동안 맡고 싶다고 했다. 정말 아무도 못 말리는 일이었다.

똥 프로젝트

7월로 접어들자 더위가 성큼 다가왔다. 놀이공원으로 체험 학습을 대신한 뒤, 두 달이 지났다. 소똥구리를 보러 가는 계획이 두 번이나 틀어지자 아이들은 대부분 포기했다. 교실에서도 서서히 소똥구리 그림이나 장식품이 사라졌다.

하지만 끝까지 포기하지 않은 아이도 있었다. 태민과 아름, 아자르, 민지 그리고 영민은 절대 소똥구리를 포기할 수 없었다.

"한번 마음먹으면 포기는 없어."

"올해가 가기 전에 꼭 소똥구리 보러 갈 거야."

아이들은 만나기만 하면 소똥구리 이야기만 했다.

개교기념일을 일주일 앞둔 날, 아름은 번뜩 좋은 생각이 떠올랐다.
"가만있어 봐. 개교기념일에 소똥구리를 보러 가면 되잖아?"
이 아이디어를 아이들과 빨리 나눠야겠다고 생각했다. 재빨리 스마트폰을 꺼내 문자를 보냈다.

> 우리 개교기념일에 소똥구리 보러 가자

> 헐~!

> 대박 사건

> 어떻게?

> 우리끼리 가면 돼!

> 허락받아야지.

> 아빠 엄마랑 놀러 가는 사람?

아름의 마지막 문자에 아무도 대답을 빨리 못 했다. 개교기념일은 수요일이었다. 평일이니 일하시는 부모님은 일부러 휴가를 내지 않는 한 일하러 가야 했다. 그 말은 아이들 대부분 집에 있다는 뜻이다.

> 텔레비전이나 보고 게임이나 해야지ㅠㅠ

> 난 집에 있다가 학원 가야 해.

이튿날 쉬는 시간이 되자 아름이 조용히 아이들을 불러 모았다.

"너희도 읽었잖아? 《아주 특별한 우리 형》에서 주인공 종민이가 혼자 가평까지 가려고 했던 거."

"나도 읽었어. 농장 가서 토끼 기른다고 했어."

"우리도 충분해. 5학년이면 어디든 얼마든지 갈 수 있는 나이야."

그러자 민지가 아주 자신만만한 표정으로 말했다.

"나 용돈 많이 모아 놨어."

"정말이야?"

"그 돈으로 기차든 버스든 타고 가면 돼."

이렇게 해서 태민과 아름과 민지와 아자르, 그리고 영민은 소똥구리를 보기 위해 어른들 몰래 멸종위기종복원센터에 가기로 했다. 부모님에게 데려다 달라고 해 봐야 말도 안 된다고 할 것이다. 이럴 땐 스스로 해결하는 게 최고다. 그날부터 아이들은 수업이 끝나면 매일 모여 쑥덕공론했다. 이 계획의 리더는 아름이었다.

"야, 우리 준비물 적어 보자."

물, 운동화, 과자, 지도, 망원경……

아이들은 책과 인터넷을 뒤지며 탐험에 필요한 도구를 준비했다. 어른이 보기에는 쓸모없어 보여도 스스로 준비하는 첫 탐험인 만큼 완벽하게 준비하고 싶은 마음이 컸다. 기대에 들뜬 아이들은 마냥 즐거웠다.

"얘들아, 탐정 소설 보면 이런 계획을 프로젝트라고 해."

태민은 탐정 소설이라면 밤을 새워 읽었다.

"프로젝트가 뭔데?"

"그러니까 우리처럼 중요한 일을 계획하고 준비하고 해내는 거지. 암튼 멋있어 보이니까 우리도 프로젝트라고 하자. 다른 사람들이 못 알아듣게."

"그럼 무슨 프로젝트?"

"소똥구리가 영어로 뭐냐?"

아이들은 스마트폰으로 검색했다.

"스카라브, 스카랍스?"

"야, 이상해."

그때 엉뚱한 소리를 잘하는 태민이 또 나섰다.

"소똥구리니까 그냥 똥 프로젝트라고 하자. 히히!"

"똥이 뭐냐. 영어로 똥 찾아보자."

아이들은 스마트폰을 뒤지다 그만 깜짝 놀랐다.

"헉! 똥이 영어로……."

"영어로 뭐야?"

"덩(dung)이야!"

"뭐?"

"이거 좋다. 덩 프로젝트!"

"야호! 그렇게 부르자."

그 뒤 아이들은 '덩'을 말끝마다 붙였다.

"아름아, 급식 먹으러 가자. 덩!"

"알았어. 덩!"

마치 무전을 칠 때 할 말이 끝나면 '오버'라고 붙이듯 말이다. 잊고 있다가도 덩이라는 말만 들으면 소똥구리에 대한 모든 그리움이 피어났다. 다른 아이들은 그것도 모르고 재미있다고 덩달아 따라 했다.

"야, 이민재! 너랑 나랑 재활용 분리배출 담당이야. 덩!"

"아, 미안해. 덩!"

소똥구리 탐험대는 소리를 낮춰 킥킥거렸다. 뜻도 모르면서 덩이란 말이 녹림초등학교의 유행어가 된 게 재미있었다.

탐험대의 덩 프로젝트는 착착 준비되어 갔다. 인터넷으로 검색해 어떻게 가면 되는지 미리 다 연구했다. 고속버스를 타고 안동에서 내린 뒤, 안동에서 영양 가는 시외버스를 타고 영양에서 내려 다시 시내버스를 타면 된다. 가슴이 두근거렸다. 아름은 소똥구리를 보고 오면 자신이 한 뼘 더 자라 있을 듯했다. 그땐 엄마 아빠 도움 없이도 뭐든 할 수 있는 어른이 될 듯했다. 덩 프로젝트에서 얻고 싶은 것도 하고 싶은 것도 제각각이지만, 다들 찰떡처럼 잘 맞았다. 아이들

 # 암호명 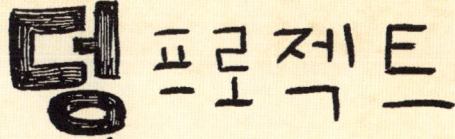 프로젝트
(Dung)

프로젝트 리더
아름

돈관리 회계담당   가는 길 교통편담당   말, 소똥구리 실전   소품 비상약 등
민지   태민   경험통 정보담당   담당
                                              아자르   영민

 준비물: 물, 운동화, 과자, 지도, 망원경

 예상경로

녹림고속버스터미널 → 안동터미널 〰→ 영양시외버스터미널
[출발]
↳ 시내버스 〰→ 멸종위기종복원센터 도착

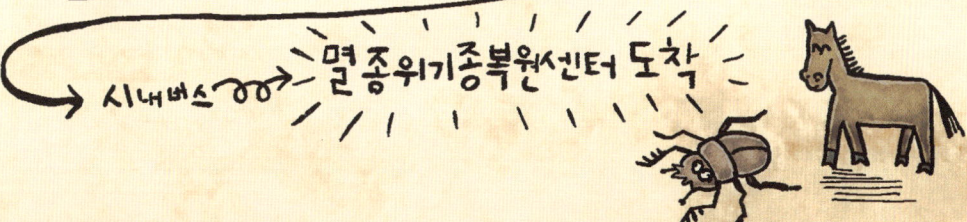

은 하루에 두 번씩 만나 의논하고 계획을 짰다. 탐험에 필요한 돈을 모으기 위해 아빠 구두를 닦고, 화장실을 청소하고, 심부름을 만들어 하기도 했다. 탐험 비용이 조금씩 차곡차곡 쌓이는 만큼 막연한 기대와 설렘은 기분 좋은 긴장으로 성큼 다가왔다.

드디어 기다리고 기다리던 개교기념일이었다. 아이들은 작전에 따랐다. 모두 아침에 늦잠을 자는 척하기로 했다.
"아름아, 일어나라!"
아름 아빠는 출근하기 전 아름의 방문을 열었다.
"쌕쌕!"
세상모르고 자는 아름을 보자 그제야 생각났다. 개교기념일이라서 오늘 학교에 안 간다고 한 아름의 말이.
"아이고, 녀석도. 얼마나 신나게 놀았으면."
아름은 때맞춰 코도 자연스럽게 골았다.
"드르르, 퓨!"
"그래, 오늘 개교기념일이니까 푹 쉬어라."
아빠는 조용히 문을 닫고 나갔다.
"오, 예!"
아빠가 나가자마자 아름은 이불을 박차고 벌떡 일어나서 나갈 준비를 시작했다. 몸이 찌뿌둥하고 여기저기 가려운 게 좀 수상했다.

하지만 아름은 개의치 않았다. 9시까지 터미널에 꼭 가야만 하니까.

민지도 아침에 늦잠 자는 척하다가 엄마가 장 보러 간 사이에 편지를 써 놓고 나왔다.

> 엄마, 나 아름이네 집에 가서 애들이랑 놀면서 숙제할게.
> 오늘 하루 종일 놀다가 저녁때 피자 먹고 올 거야.
> 용돈 있으니까 걱정 마요.

자주 있던 일이라 엄마가 안심하리라 생각했다.

아자르도 아빠는 정육점, 엄마는 문화촌으로 출근하자마자 몰래 빠져나왔다.

9시 정각이 되자 아이들 모두 녹림 고속버스 터미널에 모였다.

"다 모였냐?"

하지만 옥에 티가 생겼다. 아름에게서 안타까운 소식이 도착했다.

> 얘들아, 나 다시 아토피가 온몸에 퍼졌어.
> 미안하지만 너희들끼리 가라. ㅠㅠ

문자를 받은 아이들의 가슴은 덜컹 내려앉았다. 전화를 걸어 보니 아름은 거의 울다시피 했다.

 덩민지

녹림 고속버스 터미널

네목까지 소똥구리가 똥 굴리는거 보고올게!!

알았다 덩!! ㅋㅋ~

"너무 가려워. 어제저녁에 참다 참다 라면이랑, 과자랑 막 먹어서 그런가 봐. 아빠가 집에서 물 많이 먹고, 아무 데도 가지 말고 쉬래. 너희끼리 잘 다녀와."

풀이 죽은 아름의 목소리였다.

"얘들아, 몽골에서는 먼 길 떠날 때 친구 한 명은 남겨 두라는 말이 있어. 우리가 아름이 몫까지 소똥구리 많이 많이 보고 오자!"

무거운 분위기를 바꾼 건 역시 아자르였다. 아이들도 덩달아 가슴이 두근두근, 손에는 살짝 땀이 배고, 다리에 힘이 들어갔다.

안동, 4, 초등학생 할인.

무인 발권기를 이용해 표를 샀다. 혹시 매표소에서 어른은 없냐고 물어보면 곤란하기 때문이다. 아이들은 신나게 똥을 굴리는 소똥구리를 그리며 위풍당당하게 버스에 올랐다.

드디어 출발!

　버스 안 통로를 사이에 두고 양옆으로 나눠 앉은 아이들은 겨루기라도 하듯 수다를 늘어놓았다.
　"소똥구리를 보다니 정말 감동적이야."
　"그래, 우리가 해낸 거지."
　"난 사진 찍을 거야. 언제 또 볼지도 모르는데. 셀카 엄청 찍어야지."
　"난 소똥구리보다 포나인즈."
　몽골의 드넓은 초원을 달리는 말이 생각나는지 아자르는 잠시 창밖으로 시선을 돌렸다.
　"그런데 말 볼 수 있게 해 줄까?"

"그냥 보여 달라고 떼쓸 거야."

아이들 마음속에 자리 잡은 소똥구리는 조금씩 달랐다. 함께하지 못한 아름에겐 엄마가 집에 오지 않으면서 겪은 외로움의 보상이고, 아자르에겐 고향이다. 민지에겐 해 보지 못한 과학적 모험이고, 태민에게는 지식과 경험, 그리고 남들에게 할 자랑거리이고, 영민에겐 얼마 전 돌아가신 할아버지를 향한 그리움이었다. 목적과 의미는 조금씩 달라도 소똥구리에 대한 사랑은 한결같았다. 아이들에게 오늘 하루는 먹구름 사이를 뚫고 강렬하게 쏟아지는 한 줄기 빛 그 자체였다.

"민지 너는 언제부터 그렇게 과학에 빠졌어?"

아자르가 신기한 듯 물었다.

"음, 난 어렸을 때 물고기를 좋아했어. 한번 고기를 잡으러 가면 수백 마리를 잡았어. 저수지로 강으로 바다로 안 가 본 곳이 없을 정도야. 물론 잡은 물고기는 다 놔줬지. 아빠 엄마는 내가 초등학교 들어가기 전까지 한글도 안 가르쳐 줬어. 학교 가면 다 배운다고. 아빠 차에는 늘 텐트가 실려 있었고. 그렇게 자주 자연에서 놀다 보니까 물고기 박사가 됐지. 그뿐만이 아니야. 우리 집에는 각종 물고기, 개구리, 올챙이, 사슴벌레, 풍뎅이, 도롱뇽이 늘 있었어. 엄마가 고생하셨지, 히히."

"곤충은 안 잡았어?"

"왜 안 잡아? 잠자리채 하나 들고 잠자리랑 날벌레 수천 마리 잡아

봤지. 그리고 간혹 다친 곤충이나 동물은 공부하면서 먹이도 주고 집도 지어 줬어. 그러다 보니 옛날에는 있었지만 지금은 사라진 동물에도 관심이 생겼어. 공룡이랑 화석 이런 거."

"와, 고고학자!"

"맞아. 유전공학자 전에 내 꿈은 고고학자였어. 미국이랑 몽골이랑 공룡 화석 있는 곳 막 다니고 싶었어. 그런데 해외 유학도 가야 하고 경제적으로 뒷받침하기 힘들다고 말려서 아빠랑 막 싸우기도 했어. 내 꿈을 어떻게 아빠가 짓밟을 수 있냐고. 그 덕에 나 학원 별로 안 다니고 이렇게 소똥구리 좋아하잖아?"

아이들은 고개를 끄덕이며 존경의 눈빛을 보냈다. 민지의 열정과

집념도 멋지지만 딸이 원하는 대로 허락해 준 부모님의 선택도 대단해 보였다.

"민지를 누가 말려?"

"맞아. 과학자가 되려면 다 저래야 하나 봐."

버스는 고속도로를 쉼 없이 달렸다. 시간이 흐르자 밤잠을 설친 탓에 아이들은 하나둘 잠이 들었다. 좋은 꿈을 꾸는지 하나같이 얼굴에 환한 미소를 띠었다.

"얘들아, 내려라!"

기사 아저씨의 목소리에 눈을 떠 보니 버스는 어느새 안동 터미널

에 도착해 있었다.

"와, 안동이다!"

"빨리 내리자!"

안동의 버스 터미널은 엄청났다. 터미널에 도착한 고속버스와 시외버스, 그리고 길 건너 안동역에서 쏟아져 나온 승객들이 질서정연하게 갈 곳을 찾아가는 모습은 장관이었다. 마치 수천 마리의 개미들이 개미굴 속 미로를 뚫고 자기 방을 찾아 들어가는 것만 같았다. 눈이 핑핑 돌고 정신이 하나도 없었다.

"빨리 다음 버스 타러 가자."

역시 덩 프로젝트의 리더 민지였다. 오지 못한 아름 대신 꼼꼼한 민지가 리더를 맡았다.

다음 계획은 안동 버스 터미널에서 영양 가는 시외버스를 타는 것이었다. 사람들 사이를 뚫고 버스표를 사기 위해 종종걸음을 쳤다. 사람들이 창구마다 길게 늘어선 줄을 보고 영민이 소리쳤다.

"저기다, 매표소!"

달려간 아이들은 익숙한 듯 무인 발권기에서 표를 샀다. 1시 10분에 출발하는 표였다.

"야, 삼십 분밖에 안 남았어."

"충분해. 그동안 밥 먹자."

"그래. 저기 편의점 있다."

아이들은 편의점에서 각자 취향대로 컵라면과 떡볶이면, 삼각김밥 등을 골랐다. 뜨거운 물을 붓고 전자레인지에 돌리고 젓가락을 챙기며 부산하게 준비했다. 비싼 음식은 없었지만 서로 나눠 먹으며 수다에 푹 빠졌다. 아자르는 몽골에서 왔어도 매운 떡볶이를 잘 먹었다.

"아자르, 넌 전생에 한국에 살았나 봐?"

영민이 신기한 듯 바라보았다.

"맞아. 나는 한국 사람이었던 게 분명해."

"전생에 고려를 침략했던 몽골 장군 아니었을까? 히히."

"아냐. 매운 고추는 조선 시대 임진왜란 때 들어왔대. 그러니까 매운 거 좋아하는 거랑 한국이나 몽골은 아무 상관 없어."

걸어 다니는 백과사전인 태민이 한마디 하자 논란이 정리되었다.

마지막 떡볶이까지 싹싹 먹고 아이들은 영양 가는 시외버스를 타기 위해 이동했다. 편의점 문을 막 나오는데, 아자르가 갑자기 배를 감싸 쥐었다.

"아, 배가 사르르 아파!"

"왜? 아자르 무슨 일이야?"

"매운 걸 너무 먹었나 봐."

불닭떡볶이갈비면을 많이 먹는다 싶었다.

"화장실 빨리 갔다 와. 우리 여기서 기다릴게."

민지가 어느새 화장실 위치를 확인하고 손가락으로 가리켰다.

"응, 알았어."

아자르가 화장실로 뛰어가고, 아이들은 버스에서 먹을 음료수와 과자를 산 뒤 마음 편히 아자르를 기다렸다. 이제 영양 가는 버스만 타면 종복원센터에 갈 수 있으니 서두를 것 없었다.

그러나 오 분이 지나고 십 분이 지나도 아자르는 나타나지 않았다.

"왜 안 오지? 전화 좀 해 보자."

버스 떠날 시간이 다 되었는데 아자르가 돌아오지 않았다.

"전화 안 받아."

"어떻게 된 일이야? 화장실 가 보자."

가슴이 덜컥한 아이들은 화장실은 물론 터미널 곳곳을 뛰어다니며 아자르를 찾았다.

"아자르! 아자르!"

어디서도 아자르는 나타나지 않았다. 아이들은 사색이 되었다.

"어떡하지?"

"유괴? 아니야, 아닐 거야."

"경찰에 신고해야 하나?"

"아자르 없으면 안 된단 말이야!"

영민이 울상이 되었다.

그때 하얀색 가운을 입은 사람이 두리번거리며 터미널에 나타났다. 그러더니 민지에게 달려왔다.

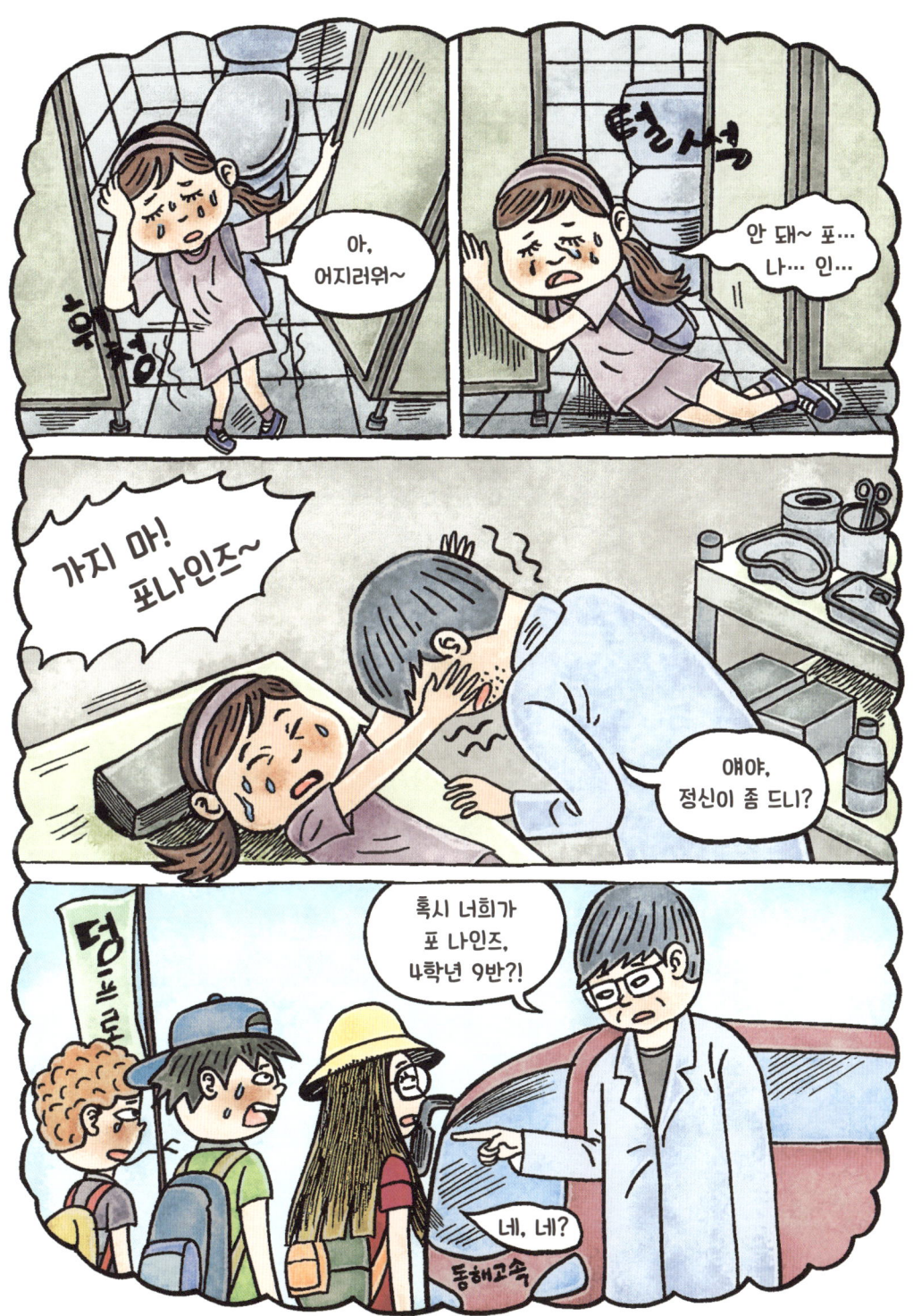

"혹시 너희들 친구 찾니?"

"네. 아자르를 아세요?"

"지금 의무실에 누워 있어."

"네? 왜요?"

아이들 셋이 한목소리로 소리쳤다.

"이젠 걱정하지 않아도 돼. 토사곽란으로 잠깐 정신을 잃었어."

"그게 뭐예요?"

"음, 체했다는 뜻이다."

태민은 등골이 오싹했다. 그때 아자르가 저만치에서 창백한 얼굴로 비틀대며 걸어왔다.

"미안, 미안! 나 잠시 쓰러졌었어. 빨리 버스 타러 가자."

하지만 버스는 이미 떠나고 없었다. 사연은 이랬다. 아자르는 화장실에서 설사하는 바람에 변기를 더럽혔다. 그냥 두고 나오기 께름칙해서 물을 떠다 변기를 깨끗이 닦고 나오려는데 갑자기 현기증이 나서 정신을 잃었고, 마침 화장실에 들른 승객에게 업혀 의무실까지 갔다.

"매운 음식에 익숙하지 않은 아이가 갑자기 많이 먹어서 캡사이신 쇼크가 온 것 같다. 식염수 먹고 다 토해서 이젠 괜찮을 거야. 너희들 보호자 어디 계시니?"

당황한 아이들이 우물쭈물하는데 민지가 나서서 둘러댔다.

"저희 태우러 오시는데 차가 막혀서 기다리는 중이에요."

"그래? 그럼 집에 가서 푹 쉬면 된다고, 너무 걱정하지 마시라고 전해 드려. 난 바빠서 이만."

다른 환자가 들어왔는지 의무실 직원이 전화를 받으며 사라졌다. 태민이 재빨리 스마트폰으로 검색해 보더니 말했다.

"고등학교 형들이 축제 기간에 매운 음식 먹기 대회 하다가 119 구급차로 병원에 실려 갔대. 매운 음식 먹고 기절하기도 하는구나."

"와, 매운 음식 조심해야겠어."

정신을 차리자 버스를 놓쳤다는 사실이 현실로 다가왔다.

"이젠 어쩌지?"

"창구로 가서 다음 버스표로 바꿀 수 있는지 물어보자."

다행히 수수료를 내고 다음에 출발하는 버스표를 손에 쥐었다. 자칫하면 준비한 돈이 모자랄 수도 있다.

"돌아올 때 차비가 아슬아슬해."

"이제 아무것도 사 먹지 말자."

아이들은 십 원이라도 쓰면 큰일이 날 듯 바짝 긴장했다. 버스 출발 시간까지 넷은 손을 꼭 잡은 채 한자리에서 꼼짝하지 않았다. 영양에 도착하면 4시라고 했다. 너무 늦게 돌아오게 될까 봐 걱정이긴 했지만, 일단 소똥구리를 봐야 하니 목표 달성에만 집중하기로 했다. 가만히 있으면서 보내는 한 시간은 정말 지루했다. 무거운 침묵을 깨고 민지가 벌떡 일어났다.

"일을 하다 보면 뜻대로 안 될 때도 있다고 우리 엄마가 그랬어."

"맞아."

그때 민지 엄마에게서 전화가 왔다. 아이들은 모두 긴장했다. 민지가 검지를 입에 댄 뒤 목소리를 가다듬고 전화를 받았다.

"여, 여보세요?"

"언제 올 거야?"

"엄마, 나 저녁까지 먹고 가려고. 걱정하지 말고 있어."

"숙제는 다 했어?"

"응. 다 했어."

"엄마 오늘 동창회 갔다가 조금 늦을 거야. 집에 오면 학교 갈 준비하고 일찍 자."

"응. 엄마 걱정 마."

전화를 끊고 나자 아이들은 참았던 숨을 내쉬었다.

"대박! 우리 엄마 동창회 가서 저녁 먹고 온대."

"버스 왔다. 타자!"

밖을 보던 태민이 외쳤다. 아이들은 영양행 파란색 버스를 향해 벌 떼처럼 달려갔다.

문 열어 주세요

깊은 산골을 달리는 시외버스 안에서 영민은 창밖을 내다보았다. 과수원과 논밭이 경쟁이라도 하듯 번갈아 지나갔다. 논밭에 나와 일하는 사람이나 지나가는 사람 하나 없이, 반대 차선을 달리는 차만 간간이 보였다.

"와, 여기는 사람이 없어."

"정말 그러네?"

"사람이 없으니까 환경이 깨끗하고, 그래서 종복원센터도 생긴 거겠지."

태민이 나름 그럴듯하게 분석했다.

"오호, 태민, 똑똑한데!"

버스는 달리고 달려 아담한 영양 시외버스 터미널에 아이들을 내려 주었다. 터미널은 아주 작았다. 그늘진 곳에 할아버지들이 의자에 앉아 멍하니 거리를 바라보고 있었다. 산속이라 그런지 하늘에 떠 있는 구름도 더 깨끗하고 하얘 보였다.

하지만 여름 날씨이니 언제 어떻게 변할지 알 수가 없었다. 이제 종복원센터까지 가는 시내버스만 타면 된다. 민지가 영민과 함께 할아버지에게 다가가 조심스럽게 물었다.

"할아버지, 말씀 좀 여쭐게요."

"응, 뭐?"

할아버지들은 아이들이 나타나 말을 걸자 반가워했다.

"생태원이 어디예요?"

"생태원? 모르겠는데."

"소똥구리 복원한 곳 아세요?"

"소똥구리?"

할아버지들은 귀가 잘 안 들리기도 하고 생태원을 잘 모르는 듯했다. 아이들은 어떻게 해야 할지 몰랐다. 태민이 스마트폰을 꺼내더니 생태원 사진을 띄워 할아버지 코앞에 들이밀었다.

"할아버지 여기요. 이곳이 종복원센터예요."

우주선 비슷하게 생긴 사진을 보더니 비로소 할아버지 한 분이 알아보았다.

"아, 여기는 저쪽 길로 가야 하는데, 버스 타야 한단다. 버스 타고 대신1리에서 내려. 그런데 버스가 자주 없는데……."

"얼마나 기다려야 해요?"

"두 시간 정도. 하루에 두 번밖에 안 다녀."

아이들은 난감했다. 두 시간 뒤라면 시간이 너무 지체되기 때문이었다. 민지가 속상한지 울먹거렸다.

"왜 이렇게 오늘은 되는 일이 없냐?"

씩씩하던 민지가 울먹거리자 영민과 태민은 당황했다. 상황을 아는지 모르는지 아자르만 천하태평이었다. 작은 시골 마을이 신기한 모양이었다.

"와, 여기는 할아버지 할머니 나라인가 봐. 할아버지 할머니 되게 많아. 몽골엔 다 초원인데 여긴 산에 나무가 가득하고."

"아자르, 지금 그런 얘기할 때가 아니야. 빨리 종복원센터에 가야 한다고."

영민은 스마트폰을 꺼냈다. 지도를 띄워 종복원센터를 검색하다가 놀라운 사실을 발견했다.

"얘들아, 거리가 얼마 안 돼. 걸어가도 되겠는데."

"정말? 왜 내가 그걸 몰랐지?"

태민이 자기가 먼저 발견했어야 한다는 듯 안타까워했다.

"자, 봐."

스마트폰 화면을 확대해 보니 정말 그다지 멀지 않았다.

"버스 기다리느니 걸어가는 게 낫겠어."

"그래, 가자. 한 시간에 사람은 4킬로미터 걸을 수 있어. 여기라면 1킬로미터 남짓이야. 삼십 분이면 갈 것 같아."

아이들은 뭐라도 해야 했다. 한가하게 터미널에서 시간을 보내고 있을 수만은 없었다. 지도를 보며 영민이 앞장섰다. 소똥구리가 있는

동쪽으로.

영양 읍내는 너무 한산했다. 초등학교 앞을 지나 고등학교 앞을 거쳐 조금 더 가니 들판이 나왔다. 죽 뻗은 국도 가장자리로 계속 걸었다.

"다리 건너서 가면 돼."

후덥지근한 날씨에 아이들은 땀을 삐질삐질 흘렸다. 앞서 걷던 영민은 뒤로 처지고, 가져간 간식도 다 먹어 버렸다.

"종복원센터에 가면 정수기 있을 거야."

"맞아. 다 마신 물병 버리지 마."

"알았어."

아이들은 땀을 흘리며 땡볕 아래를 걸었다. 바람이 불어도 더위가 가시지 않았다. 개천 옆을 지나는데 심상치 않은 바람이 스쳤다. 습기를 잔뜩 품은 바람이었다. 갑자기 시커먼 먹구름이 몰려오더니 빗방울이 듣기 시작했다.

"비 온다!"

아이들은 누가 먼저랄 것도 없이 길가의 비닐하우스로 뛰었다. 잠시 뒤 소나기는 비닐하우스를 찢을 듯 퍼부었다.

"으으, 무서워!"

게다가 천둥 번개도 쳤다.

"괜찮아. 금방 그칠 거야."

빗줄기는 세상을 끝낼 듯 쏟아졌다. 아이들은 소똥구리를 향한 한결같은 마음으로 여기까지 온 자신들이 처량하게 느껴졌다. 돈은 떨어지고 배는 고팠지만, 가던 발걸음을 멈출 수는 없었다.

"지금 못 보면 소똥구리 볼 수가 없잖아."

"맞아. 언제 또 여기 올지도 모르고."

"가을 체험 학습 때 또 오자고 할 수는 있겠지."

태민이 하나 마나 한 얘기를 이성적으로 했다.

"맞아. 하지만 몽골 속담에 아버지가 있을 때 많은 사람을 만나 봐야 하고, 말이 있을 때 멀리 가 봐야 한댔어."

"그거 무슨 뜻이야?"

"기회를 놓치지 말라는 거야."

아자르의 말에 아이들은 용기를 냈다.

"그래, 우리 꼭 성공하자!"

마침내 오른쪽 산기슭에 우주선처럼 생긴 건물이 보였다. 둥근 유리 돔이 두 개나 있고 길게 하늘 위에 걸친 연결 통로로 이어진 건물이 딱 봐도 종복원센터였다.

"저기다!"

아이들은 마치 100미터 달리기라도 하듯 뛰기 시작했다. 그런데 가장 먼저 달려간 아자르가 우뚝 멈춰 섰다.

"야, 이상해!"

불길하게도 출입문은 휑했다.

"어떻게 된 거지?"

아이들은 입구에서 어디로 가야 할지 몰라 우왕좌왕했다. 학교처럼 대문이 막고 있거나 그런 것이 아니었기 때문이다.

"무슨 일이냐?"

지나가던 아저씨가 물었다. 가슴에 달린 명찰을 보니 이곳에서 일하는 직원이 분명해 보였다.

"아저씨, 우리 소똥구리랑 똥 싸 주는 말 포나인즈를 보러 왔어요."
아저씨는 어이없다는 표정이었다.
"너희들 견학 신청은 했니? 어디서 온 아이들이냐? 이 동네 학교 다니냐? 지금 다 문 닫았어. 외부인 견학이나 만남은 오후 5시까지라고 쓰여 있잖아."
급한 마음에 미처 안내문을 확인하지 못했다.
"아저씨, 우리 소똥구리 보고 싶어서 왔어요. 들여보내 주세요."
"보여 주세요, 아저씨! 잠깐이면 된다구요."
아이들은 너무 서러워서 울기 시작했다.
"엉엉! 보고 싶어요."
"잠시만 보여 주세요. 아아앙!"
태민은 잠깐 기대했다. 영화나 소설에서처럼 이런 위기 순간에 꼭 퇴근하던 소장님이나 높은 분이 나타나 무슨 일이냐며 문제를 해결해 주지 않을까 하고 말이다.
"얘들아, 여기서 울고 이러면 안 돼. 빨리 가라. 다음에 와."
하지만 아이들은 이대로 집에 갈 수는 없었다. 가려고 해도 다리가 풀려 한 발짝도 움직일 수 없었다. 아이들 상태를 본 아저씨는 어딘가로 전화를 걸었다. 기진맥진한 아이들이 종복원센터 출입구 앞에 울면서 널브러져 있는 장면은 참으로 진풍경이었다.

대화가 필요해

어느덧 녹림초등학교에도 여름 방학이 찾아왔다. 하지만 웬일인지 방학 첫날인데도 학교가 소란스러웠다. 운동장 한가운데에는 태민 아빠의 관광버스가 곧 움직일 듯 그르렁그르렁 소리를 냈다. 차 안에는 소풍이라도 가는 양 발랄한 색깔의 옷을 입은 아이들이 자리를 잡고 앉았다.

아름이 아빠 엄마와 함께 교문 안으로 걸어 들어왔다. 엄마는 아름의 손을 잡고 있었다. 버스 안에는 민지와 영민은 물론 아름이네 반 아이들이 거의 다 탔다. 선글라스를 멋지게 쓴 담임 선생님은 버스 문 앞에 서 있었다.

"아름아, 어서 와."

"안녕하세요?"

아름 엄마가 인사를 했다. 선생님은 살짝 당황했다. 아름의 아빠와 엄마는 같이 살지 않는다고 알고 있었기 때문이다.

"아, 안녕하세요? 어머니, 서울에서 오셨나 봐요."

"네. 그간 선생님께 폐 많이 끼쳤습니다."

아름 엄마는 일주일 전에 집으로 왔다. 아름의 얼굴이 밝은 이유이기도 했다.

방학하자마자 이렇게 아이들이 학교에 모인 것은 오늘 종복원센터에서 견학을 허락했기 때문이다. 소똥구리를 드디어 볼 수 있게 되었다.

3주 전 개교기념일에 녹림초등학교의 아이들 넷이 사라진 일은 최근 들어 녹림시에서 발생한 가장 큰 사건이었다. 뒤늦게 아이들이 없어진 사실을 안 부모님들은 해가 떨어질 무렵 다급한 연락을 받았다. 아이들이 영양이라는 곳에서 울고불고 있다는 믿기지 않는 사실이었다.

그때 종복원센터에서 만난 아저씨는 아이들이 움직일 생각도 않고 주저앉아 울며 떼쓰자 마을 이장님에게 전화했다.

"이장님! 여기 초등학생들이 와서 울고 있어요. 마을 할아버지 댁에 놀러 온 것 같아요. 와서 좀 보세요."

볼일을 보고 집으로 돌아가던 이장님은 바로 종복원센터로 차를 몰았다.

건물 입구에는 영민과 민지, 태민과 아자르가 서로 기댄 채 눈물 콧물 땀범벅으로 앉아 있었다.

"얘들아, 너희들 어디서 왔는데 여기 이러고 있냐?"

"우린…… 엉엉, 소똥구리 보려고 녹림에서……."

"녹림? 그 먼 곳에서?"

아이들이 울며 말해 준 번호로 이장님이 전화를 걸었다.

"아, 여보세요. 민지 엄마 전화 맞습니까? 민지가 지금 이곳 영양에 와 있습니다."

그렇게 해서 부모님은 물론 학교 선생님까지 모두 이 사건을 알게 되었다. 녹림시 전체가 들썩거릴 정도였다.

"어르신, 연락 주셔서 감사합니다. 우리 아이들 좀 보호해 주세요. 곧 가겠습니다."

태민 아빠는 전화를 받고 서둘러 회사에서 출발했다. 민지 엄마도 담임 선생님에게 연락한 뒤 동창 모임을 하다 말고 뛰쳐나왔다. 녹림에서 출발해 영양까지 오는 데는 아무리 빨라도 세 시간은 걸렸다.

"얘들아, 일단 나랑 같이 가자."

그사이 이장님은 거지꼴을 한 아이들을 마을 회관으로 데리고 갔다. 회관에 모여 나물을 다듬던 할머니들은 이장이 난데없이 낯선 아이들을 데리고 나타나자 놀라며 관심을 보였다.

"아니, 뭔 얼라들을 주렁주렁 달고 오는가?"

"이 동네 아이들이 아니네?"

할머니 할아버지는 심심하던 차에 신기한 일이라도 벌어진 듯 아이들을 살폈다. 하지만 사연을 듣고는 냉장고에서 음식을 꺼내고 밥솥에서 밥을 푸더니 뚝딱 상을 차려 냈다.

"아가들아, 배고프다. 밥 좀 먹어라."

"이거 저기 산에서 직접 뜯은 나물이다. 먹어 봐라."

이름도 모를 갖가지 나물과 열무김치, 물김치 등 소박한 차림이었지만, 아이들은 허겁지겁 음식을 먹었다. 꿀맛보다 더 달콤했다. 뒤이어 나온 수박에 참외, 찐 옥수수까지 게 눈 감추듯 아이들 배로 이사를 갔다.

"으윽, 배불러!"

"아함, 졸리다."

아이들은 할머니 할아버지가 부채로 바람을 부쳐 주자 하나둘 곯아떨어졌다.

"아이들이 참 용감하네?"

"그러게 말이오. 자기들끼리 녹림에서 여기까지 오고 말이야."

할머니들은 젊었을 때 돈 벌려고 서울에 가서 일했던 기억을 떠올

리며 이야기꽃을 피웠다. 태민 아빠와 민지 엄마가 가족 대표로 달려왔을 때는 밤 9시가 넘은 무렵이었다. 마을 회관에서 자던 아이들을 깨워 차에 태우면서 민지 엄마와 태민 아빠는 몇 번이고 허리를 숙여 인사했다.

"아이고, 어르신 고맙습니다."

"아이들 챙겨 주셔서 감사합니다."

자다 깬 아이들은 비몽사몽 퉁퉁 부은 얼굴로 차에 올랐다.

"너는 왜 말도 안 하고 여기까지 온 거야? 아이고, 내가 못 살아."

민지 엄마가 잠이 덜 깬 민지 엉덩이를 때려 가며 꾸짖었다. 그걸 본 할아버지 할머니가 말했다.

"아이고, 새댁, 그러지 마요. 요즘 애들 게임만 하고 방구석에서 통 나오질 않는데 애들이 용감하구먼그래."

"맞다 맞다. 소똥구리가 뭐라고."

"이런 애들이 많아야 해. 새댁은 딸 잘 둔 거요. 크게 될 거야."

할아버지 할머니의 칭찬에도 아이들은 오는 내내, 집에 돌아와서도 각자 엄마 아빠에게 엄청나게 야단을 들었다. 아름까지 가세하려다 아토피 때문에 빠졌다는 걸 알고 아름 아빠도 놀라긴 마찬가지였다. 하지만 아이들이 소똥구리를 보겠다고 이런 계획을 세워 직접 행동했다니 어른들도 조금은 대견스러웠다.

"교장 선생님, 소똥구리를 어떻게든 보여 주지 않으면 문제가 해결되지 않겠네요."

담임 선생님이 뒤늦게 전화를 받고 교장 선생님과 통화하며 남긴 말이었다.

사건 다음 날, 학교에서 아이들은 스타가 되었다. 개교기념일에 영양까지 소똥구리를 보러 가다니, 또래 아이들은 엄두도 못 낼 엄청난 일이었다. 교장 선생님에게 크게 꾸중을 들을 줄 알았는데 선생님은 오히려 칭찬했다.

"얘들아, 부모님 허락 없이 간 건 절대 용서할 수 없지만, 그래도 모험심과 도전 정신만은 인정한다. 다음에 이런 일이 있을 때는 반드시 얘기하고 가도록 해라. 이번 가을 체험 학습은 꼭 한번 해 보자."

교장 선생님은 다른 학교 교장 선생님들에게 전화를 걸어 자랑까지 했다.

"우리 학교 아이들이 소똥구리 본다고 자기들끼리 영양까지 갔다 왔다오."

마치 하소연하는 듯했지만 누가 들어도 자랑이고 칭찬이었다.

학교 운영위원회실에서는 부모님들이 모여서 회의를 했다. 태민 아빠가 먼저 나섰다.

"아이들이 얼마나 가고 싶었겠습니까? 잘 살피지 못한 제 불찰이 큽니다. 방학하면 시간을 내서 제가 아이들 태워서 가겠습니다."

"정말이십니까?"

아름 아빠도 거들었다.

"그럼 제가 종복원센터에 연락해서 견학을 신청해 놓겠습니다. 거기 소장님이 제가 아는 분이에요."

담임 선생님도 나섰다.

"그럼, 신청자를 받아서 데려가고, 못 가는 아이들은 나중에 동영상 자료 찍어서 보여 주죠."

"더위도 잊을 겸, 간 김에 계곡에서 놀다 오면 되겠네요."

"좋습니다."

그렇게 해서 방학 첫날 소똥구리를 제대로 만날 수 있게 되었다.

아이들의 덩 프로젝트 소식을 들은 아름 엄마도 서울에서 한달음에 녹림으로 왔다. 아빠가 아름이 아토피에 걸린 것과 환경 문제를 공부하기 시작한 것, 그러다가 소똥구리에게 관심이 생긴 것 등 자초지종을 설명했다. 엄마는 오랜만에 집에서 아름을 보자 미안한 마음에 아름의 머리를 오랫동안 쓰다듬었다.

"너, 가출할 뻔했다며?"

엄마를 보자 아름은 참았던 눈물이 쏟아졌다.

"미, 미안해요, 엄마!"

아름이 엄마 품에 안겨 서럽게 흐느끼는 걸 아빠는 차마 보지 못하고 외면했다. 엄마는 눈물을 닦고 싸 온 반찬과 김치를 냉장고에

차곡차곡 정리했다.

"당신도 요리를 배워서 아들에게 건강한 음식 먹여야지."

"아, 알았어."

안 그래도 아름과 아빠는 제대로 된 요리는 아니지만 채소와 과일, 그리고 가공하지 않은 식품 위주로 먹기 시작했다. 그래서인지 아토피도 많이 가라앉았다.

"다른 애들은 다 엄마가 있는데 나만 엄마가 없어서……."

엄마는 다시 흐르는 눈물을 닦았다.

"그래, 아들 미안해. 엄마가 자주 올게. 그리고 이번 방학에 엄마

있는 데로 한번 와."

아름은 방학 때 서울에서 엄마와 한동안 지내기로 했다. 엄마와 지내는 건 좋지만 또 헤어져야 한다고 생각하니 마냥 기쁘지 않았다.

아름 엄마는 아름의 축 처진 어깨가 자꾸 눈에 밟혔다. 서울로 돌아가서도 고민하느라 밤잠을 설쳤다. 아름을 생각하니 마음을 바꿔야 하나 싶기도 했다. 소똥구리에게는 신선한 포나인즈의 똥이 필요하듯 아름에게는 아빠의 사랑도 엄마의 사랑도 필요한 게 아닌가 싶었다. 며칠 동안 아빠와 엄마는 그간 자신들 사이에 무엇이 문제였는지 전화로 대화를 나누었다. 그러면서 오해도 풀리고 과거의 잘못을 서로 반성하기도 했다. 무엇보다 아빠와 엄마는 아름에게 어느 쪽도 없어서는 안 될 소중한 존재였다. 아빠와 엄마는 시간을 두고 노력해 다시 함께하기로 했다. 과거에 눈만 뜨면 싸우던 모습이 아니라서 아름은 기분이 좋았다. 그리고 조금은 행복했다.

지구의 청소부

드디어 버스가 멸종위기종복원센터로 들어갔다. 아이들을 태운 버스가 정문을 지나갈 때 전에 본 아저씨가 멋지게 경례를 해 주었다.
"와, 그때 그 아저씨다! 수위 아저씨 맞네."
"안녕하세요?"
창문을 열고 소리치는 아이는 아자르였다.
"그래, 너희들 왔구나. 반갑다."
아름은 자신이 빠진 사이에 덩 프로젝트를 실행한 아이들이 이곳 종복원센터를 익숙하게 대하는 모습에 배가 아팠다. 하지만 못 온 건 자신의 탓이니 어쩔 수 없었다.

버스가 주차장에 멈추자 종복원센터 과장님이 마중을 나왔다.

"여러분 반가워요. 멸종위기종복원센터에 오신 걸 환영합니다."

아이들과 선생님, 그리고 몇몇 부모님은 설레는 마음으로 안내에 따라 건물 안으로 들어섰다. 먼저 회의실로 들어간 아이들은 신기한 듯 사방을 둘러보았다. 벽에는 지금 복원 중인 동물과 식물 사진이 잘 붙어 있었다.

"와, 여기 반달곰이 있어."

"산양도 복원하는구나."

전시된 사진을 보는 것만으로도 신기해서 아이들은 들떴다. 테이블에 단정하게 놓인 음료수를 먼저 까서 마시는 아이도 있었다.

"여러분, 잠시 저희 멸종위기종복원센터를 소개하겠습니다."

과장님이 인사를 마치자 실내 불이 꺼졌다. 스크린에 종복원센터에서 하는 일이 동영상으로 자세히 소개되었다. 모든 내용을 이해할 순 없었지만 무척 중요한 일이라는 사실을 어렴풋이나마 알게 되었다.

태민은 노트를 꺼내 열심히 적었다. 하지만 아이들 대부분은 그저 빨리 소똥구리를 보고 싶었다.

"언제 소똥구리 봐요?"

"포나인즈 말도 보고 싶어요."

아이들의 들뜬 목소리에 과장님이 웃었다.

"네네, 자세한 설명은 자료를 참고해 주세요. 그럼, 우리 친구들이 그토록 보고 싶어 하는 포나인즈와 소똥구리를 보러 갈까요?"

처음 도착한 곳은 말이 있는 사육장이었다. 가장 먼저 달려간 아이는 역시 아자르였다. 말이 가까이 다가오자 아이들은 깜짝 놀라 뒷걸음쳤다.

"와! 정말 커!"

밤색 말인 포나인즈는 정말 잘생기고 늠름했다. 머리에서 코까지

"아자르, 조심해."

흰 털이 이어졌다. 다리는 길고 키는 엄청나게 컸다. 아이들 여럿이 다가가 쓰다듬는데도 포나인즈는 순해서 별로 흥분하지 않았다.
"포나인즈, 이거 먹어."
준비해 간 당근을 꺼내 아자르가 건네자 맛있게 씹어 먹는 것이 아닌가. 아자르는 포나인즈의 목덜미와 옆구리를 쓰다듬어 주었다.
"정말 고향에 온 거 같아."

쿵쿵대며 포나인즈 몸에다가 코를 박고 아자르는 눈물을 흘렸다.

"아, 역시 몽골에서 온 아이라 다르네요."

말고삐를 잡고 있던 과장님이 신기해했다. 포나인즈도 뭘 아는지 아자르와 눈을 맞추더니 친숙한 듯 코를 내밀었다.

"아자르, 멋있어요."

말이 무서워 가까이 못 가던 민지는 담임 선생님 뒤에 숨어서 보고 있었다.

"자, 포나인즈는 우리가 준비한 가장 건강하고 질 좋은 풀을 먹어요. 그러니 포나인즈가 싼 똥에도 좋은 풀의 성분이 들어 있죠. 사람으로 치면 유기농 농산물인 셈이에요. 이 똥을 소똥구리들이 먹고, 경단도 만들어요."

아이들은 소똥구리 사육장으로 이동했다. 벽면 가득한 선반에 커다란 플라스틱 사육통이 차곡차곡 있었다. 그 안에 소똥구리들이 살고 있었다.

"이 안에서 소똥구리들이 편안하게 말똥 경단에 알을 낳아 새끼를 기르고 있어요."

안내해 주는 사진을 보니 경단 속에 있는 소똥구리 새끼는 투명한 애벌레였다. 사육통 하나를 꺼내 뚜껑을 열자 정말 안에서 말똥을 굴리는 소똥구리가 보였다. 부지런히 똥을 굴려서 큼직한 경단을 만드는 중이었다. 그걸 보는 아이들 모두 탄성을 질렀다.

고 있어요."

"그럼 한국에는 소똥구리가 없어요?"

"안 그래도 2017년 한국에서 서식하는 소똥구리 50마리를 가져오면 5천만 원을 주겠다고 현상금을 걸었는데 발견되지 않았어요. 거의 멸종된 듯해요. 할 수 없이 몽골에서 유전적으로 한국 소똥구리와 같은 종을 들여왔답니다."

아자르는 가슴이 뭉클했다. 고향에서 온 친구를 보는 느낌이었다. 다른 아이들도 몽골과 한국이 여러모로 연결되어 가깝게 느껴졌다.

"저 말똥은 방금 포나인즈가 만든 겁니다. 아주 신선한 식품이죠."

식품이라는 말에 아이들 모두 웃음보가 터졌다.

"하하하! 똥이 식품이래."

"픔, 진짜 웃겨!"

아이들이 웃거나 말거나 과장님은 눈 하나 깜빡하지 않고 진지하게 설명을 이어 갔다.

"깨끗한 풀을 먹은 소와 말의 배설물이니 소똥구리들에겐 그만큼 순수한 자연식품인 셈이죠. 들판의 소똥과 말똥을 소똥구리들이 먹고 깨끗이 분해해 버리니까 지구에 오염물도 남기지 않아 환경에도 큰 도움이 되고요."

아이들은 소똥구리와 포나인즈를 만나고 종복원센터 곳곳을 구경하면서 자연과 진정한 친구가 되었다.

고맙습니다

"아가들아, 어서 와라!"

"어이구 귀여운 녀석들."

멸종위기종복원센터를 나온 버스가 들른 곳은 바로 마을 회관 앞이었다. 얼마 전 개교기념일에 찾아온 덩 프로젝트 모험가들을 잘 보살펴 준 데 대한 감사 인사를 하기 위해서였다. 버스 문이 열리기도 전에 할머니 할아버지가 나와서 손을 흔들고 있었다.

아이들은 할아버지 할머니를 모시고 마을 회관 안으로 들어가 공연을 준비했다. 진행은 아름이 맡았다.

"할아버지, 할머니! 안녕하세요? 저희는 녹림초등학교 학생들입니다. 지난번에 소똥구리 보러 제 친구들이 왔을 때 할머니 할아버지께서 잘 돌봐 주셔서 너무너무 고맙습니다."

할아버지 할머니는 벌떡 일어나 박수를 치며 함박웃음을 지었다. 노인들만 살아 적막하던 마을에 재잘거리는 아이들 목소리가 울려 퍼지니 더더욱 기쁜 모양이었다.

"고맙다! 얘들아."

"이렇게 산골까지 와서 어쩌면 좋을거나?"

버스 안에는 할머니 할아버지를 대접하려고 준비한 과일과 음식이 잔뜩이었다. 공연이 끝나면 다 함께 잔치를 벌일 예정이었다.

"자, 첫 순서는 우리 학교 재주꾼 김민지 학생입니다!"

박수 소리와 함께 한복을 곱게 차려입은 민지가 앞으로 나섰다.

"헤헤, 재주꾼이 저예요."

민지는 학원에서 배운 고전 무용을 준비했다.

"어이구! 잘헌다! 얼씨구!"

할머니 한 분은 흥에 겨워 앞으로 나와서 민지와 함께 춤을 추기도 했다. 아이들은 하나씩 자신의 재주를 보여 주었다. 아자르는 몽골 전통 현악기인 마두금을 연주하면서 몽골 전통 노래까지 불렀다. 가사 내용은 모르지만 할머니와 할아버지는 신기한 소리에 귀를 기울였다. 아름은 시를 낭송했다. 시 제목은 〈소똥구리야, 보고 싶어〉였다. 마지막에 모험에 참여하지 못한 아쉬움으로 지은 시였다.

소똥구리야, 보고 싶다

남들은 다 더럽다고만 하는

소똥 말똥

너에겐 귀한 양식이구나

너를 보면 비로소 알게 된단다

가장 더러운 걸 치워 주고

남들이 멀리하는 걸 가까이하면서

겸손하게 사는 소똥구리야

네가 없으면 우리도 없어

이기적이고 교만한 우리 인간

환경을 망치고

곤충과 동물을 멸종시키지

그러고도 미안해하지 않아

자연에 감사하지 않아

이러면 안 된다고

다시 돌아온 소똥구리야, 고마워

소똥구리야, 보고 싶다

아름이 시를 읽는 내내 잔잔한 음악이 울려 퍼졌다. 아름은 엄마가 틀어 주는 음악에 맞춰 떨리는 가슴을 진정시키면서 직접 지은 시를 낭송했다.

"오메, 잘하는구나!"

"머스마가 재주가 좋구먼!"

할머니 할아버지는 주름진 손을 머리 위로 올려 쉼 없이 박수를 쳤다.

즐거운 시간이 훌쩍 지나 벌써 마지막 순서였다. 아이들이 우르르

앞으로 나가더니 대열에 맞춰 섰다. 이윽고 반복되는 리듬의 음악이 나오고 하나둘 춤과 노래를 시작했다. 애니메이션으로 만든 〈똥 밟았네〉 뮤직비디오였다.

……
아침 먹고 땡 집을 나서려는데
화려한 햇살이 나를 감싸네
나만 바라보는 시선을 느끼며
거들먹거들먹 걷다가
……
똥 밟았네! 똥!

아이들의 춤과 노래, 익살스러운 가사 내용에 할머니 할아버지는 배를 잡고 웃었다.
"아이고, 웃겨서 나 죽네."
"호호호!"
마을 회관이 생긴 이래 가장 큰 박수 소리와 함성이 울려 퍼진 뒤, 아이들의 조촐한 감사 공연은 끝이 났다.
"이렇게 기쁘고 고마운 날은 이 마을이 생기고 처음이에요."
이장님이 아이들 머리를 쓰다듬었다.

"어르신들 건강하세요."

아름 아빠와 태민 아빠는 녹림시 특산품 복숭아 두 상자와 다른 먹을거리를 버스 짐칸에서 꺼내 와 건넸다.

"우리가 이렇게 받고만 있을 수는 없지."

할머니 몇 분이 마을 회관 뒤쪽 텃밭에 가더니 직접 가꿨다는 상추와 고추를 커다란 자루에 하나 가득 담아 왔다.

"이거 약 하나도 안 친 거야."

"집에 가져가서 맛있게들 먹어라. 유기농이니께."

함께 온 엄마들 눈이 휘둥그레졌다.

"감사합니다. 이 귀한 걸 이렇게 많이……."

엄마들은 무공해 채소를 두 손 가득 들고 버스에 바리바리 실었다.

그때 이장님이 좋은 소식을 전해 주었다.

"얘들아, 몇 년만 기다리면 소똥구리가 한국 들판에 지천으로 늘어난단다. 그날까지 기다려라."

"정말요?"

"와! 신난다."

"반달곰도 다시 복원해서 지리산에 득실득실하게 살게 되었잖냐? 소똥구리도 곧 그렇게 될 게다."

최근에 들은 뉴스 중에 가장 좋은 뉴스였다.

"아, 들판의 벌레 한 마리도 소중한 거였어."

"맞아. 한번 사라지면 복원하기가 이렇게 힘든데 말이야."

아이들은 소똥구리를 만나는 과정에서 느낀 점들을 한마디씩 했다.

"하늘의 새나 들의 풀 다 자연에 있어야 하는 이유가 있는 거야. 한마디로 자연의 선물인데, 우리 인간이 너무 가볍게 여겼어."

소똥구리를 비롯한 생명체를 모두 복원하는 그날까지 아이들은 지구 환경을 지키는 지킴이가 되기로 결심했다.

"이제 출발하시죠."

다 버스에 오르자, 아름 아빠가 맨 앞자리에 앉으며 출발을 알렸다.

"네, 집으로 갑시다."

태민 아빠가 버스에 시동을 걸고 신나게 핸들을 돌렸다. 버스는 마을 회관을 빠져나와 녹림초등학교를 향해 달렸다. 온 들판에 소똥구리가 소똥을 굴리는 깨끗했던 과거의 자연 한가운데를 달리면 얼마나 좋을까 하고 아름은 상상했다. 별이 쏟아지는 밤하늘을 버스가 날아다니는 상상도 했다. 그 하늘은 1억 년 전 살았던 익룡도, 황새골 마지막 황새도, 점점 줄어드는 꿀벌도 날개를 활짝 펴고 살아가는 삶터다.

"어머, 영민아! 너 목에 두드러기가, 아니고 모기 물린 자국!"

민지가 앞자리에 앉은 영민의 목을 보더니 소리쳤다. 아이들이 고개를 돌려 영민을 바라보았다.

"아, 가려워! 아까 엄청 큰 모기 내가 잡았어. 피가 막 나더라고."

영민은 목을 빡빡 긁었다. 그때 아름이 나섰다.

"나한테 아로마 오일 있어. 그거 바르면 좋아."

가방에서 아로마 오일을 꺼내 영민의 목에 발라 주었다.

"아 시원해! 고마워, 아름아."

"아니야."

아이들은 약속이라도 한 듯 아름의 목을 보았다. 아름을 외계인으로 만들었던 아토피가 사라져 피부가 깨끗했다.

"어, 아름이 너 아토피 어떻게 되었어?"

"엄마가 온 뒤로 사라졌어."

"정말?"

"응. 엄마가 맛있는 친환경 음식 해 줘서 내 몸에 있던 환경 오염 물질과 화학 약품이 다 빠져나갔나 봐."

"와, 축하해! 해독됐네."

"얘들아, 오늘 우리 참 보람 있었지?"

선생님이 잊고 있었다는 듯 돌아서서 버스 통로를 걸어오며 아이들에게 뭔가를 하나씩 나눠 주었다.

"이게 뭐예요?"

"아까 종복원센터에서 준 기념품이야."

봉투를 열어 보니 그것은 제대로 된 소똥구리 배지였다. 말똥을 굴리는 소똥구리 모습이 반짝반짝 빛나는 게 진짜 소똥구리 같았다.

"와! 신난다."

"이 배지 평생 달고 다녀야지."

아이들은 신나서 소똥구리 노래를 흥얼대며 배지를 옷과 가방에 달았다.

구리 구리 구리 똥 소똥구리
구리 구리 똥 구리 말똥구리
우리는 굴린다 무엇이든지
동글동글 동글동글 굴리다 보면
소똥 말똥 달콤한 떡이 되고요
말똥 소똥 맛있는 밥이 되지요
구리 구리 구리 똥 소똥구리

버스는 어둠을 뚫고 녹림시를 향해 기운차게 달렸다.

자연 청소부,
토양 영양사, 환경 파수꾼

소똥구리가 궁금해!

글 김영중, 국립생태원 멸종위기종복원센터

얽히고설켜야만 살 수 있는
지구 생명들

지구는 살아 움직이는 커다란 생명체와 같아요. 우리 몸속 기관 가운데 하나라도 망가지면 건강에 적신호가 울리듯, 지구에서 살아가는 생명 가운데 하나라도 문제가 발생하면 곧 지구에도 적신호가 울립니다. 크든 작든, 많든 적든 상관없이 말이에요. 건강을 유지하려면 건강한 음식을 먹고, 깨끗한 공기로 숨 쉬고, 꾸준히 운동하며 쾌적한 환경에서 생활해야만 하죠. 이 모든 것이 조화를 이룰 때 인간은 건강을 지키며 오래도록 행복하게 살아갈 수 있어요. 지구도 마찬가지입니다. 생물과 자연환경이 서로 영향을 주고받으며 유기적으로 연결되어 하나의 생태계를 이루는 곳이 지구이기에, 아무리 작은 연결고리라도 끊어지면 지구 전체에 영향을 미쳐요.

인간 또한 지구 생태계를 구성하는 생명체이므로 멸종 위기종을 포함한 우리 주변에서 만날 수 있는 다양한 생물들과 상부상조하며 조화를 이루어 살아왔어요. 이 땅의 모든 생명은 한반도 긴 역사 속에서 우리와 함께

살아온 이웃인 셈이죠. 꿀벌은 식물의 꽃을 찾아가 결실을 돕고 열매를 맺게 하여 우리 먹거리를 풍요롭게 만들어 주었어요. 꽃가루를 이리저리 옮겨(화분 매개) 우리에게 고기와 유제품을 제공하는 소와 돼지가 먹는 곡물을 생산하는 데도 큰 역할을 합니다. 소똥구리도 우리가 밥을 먹고 고기를 먹는 데 중요한 역할을 해요. 소똥구리는 동물의 분변(똥)을 경단으로 만들어서 땅속에 묻는데, 경단 안에 들어 있던 식물의 종자는 잘 발아해서 꽃을 피우게 됩니다. 활짝 핀 꽃들은 결국 꿀벌들이 잘 살아갈 수 있는 건강한 환경을 제공하고, 꿀벌은 또다시 인간이 감사히 먹을 수 있는 음식을 제공하는 데 도움을 주죠. 다양한 생명이 끊임없이 얽히고설켜야만 지구 생태계는 원활하게 돌아갈 수 있어요.

생태계에서 이유 없이 존재하는 생물은 없다고 알려져 있어요. 꿀벌과 멸종 위기종 소똥구리처럼 모든 생물은 저마다의 역할이 있고, 이러한 역할이 조화롭게 구성될 때 건강한 자연환경, 그리고 지구가 유지되는 것이죠. 우리가 살아가는 대한민국, 더 크게 지구는 어떻게 보면 모든 생명체가 공유하는 하나의 큰 서식지라고 볼 수 있어요. 소중한 모두의 삶터 지구를 잘 지켜 내기 위해서는 아무리 작고 보잘것없는 생물일지라도 하나하나 소중히 여기는 따뜻한 마음과 변화를 위해 적극적으로 행동하는 관심이 필요합니다.

반세기 전까지 한반도에 터를 잡고 살던 소똥구리

아직 본 적은 없지만 이름만 들어도 익숙하고, 친근하게 다가오는 곤충이 있습니다. 바로 '소똥구리'예요. 소똥구리는 1960년대까지만 해도 강변, 들, 길가에 소똥과 말똥 무더기가 쌓인 곳이면 어디서나 쉽게 볼 수 있던 곤충이었어요. 똥을 동그랗게 빚어서 이리저리 굴리는 귀여운 행동은 많은 사람에게 관심과 사랑을 받아 옛사람의 그림이나 글에도 흥미로운 소재로 자주 등장한답니다. 신사임당이 그린 〈초충도〉에 등장하는 소똥구리, 조선

경단 위 소똥구리.
ⓒ 국립생태원 멸종위기종 복원센터

후기 실학자인 성호 이익이 쓴 《성호사설》〈만물편〉에는 똥 덩이를 굴려 땅을 파고 넣은 뒤 흙으로 덮고 간다는 기록이 있어요. 특히 소똥구리는 할머니와 할아버지 어린 시절의 아련한 추억 속에 기억되는 곤충이기도 해요.

신사임당 〈초충도〉.
ⓒ 국립중앙박물관 소장

자연 청소부, 토양 영양사, 환경 파수꾼 소똥구리가 궁금해!

소똥구리는 어떻게 살아갈까요

전 세계적으로 동물의 똥을 먹이로 하는 소똥구리를 포함한 친척뻘 되는 곤충은 7,000종가량이라고 알려져 있어요. 그중 대한민국에는 소똥구리류 곤충 38종이 있어요. 소똥구리와 함께 이 곤충들은 모두 아주 오래전부터 우리 선조와 함께 살아온 친구랍니다.

소똥구리는 생각보다 그렇게 크지 않아요. 몸길이는 10~16mm로 새끼손가락 한 마디 정도의 올망졸망한 크기고, 수명은 2~3년 정도예요. 봄이 오고 따뜻해지는 5월이 되면 소똥구리가 세상 밖으로 나와서 활동을 시작합니다. 6월부터는 번식을 하기 위해 소똥을 경단처럼 동그랗게 만든 뒤, 암컷과 수컷 한 쌍이 함께 어디론가 가져가 신혼살림을 차리고 경단 속에 알을 낳죠. 경단 하나에 알 한 개씩만 낳아요. 암컷 한 마리가 1년 동안 적게는 5개에서 많게는 15개가량 알을 낳기 위한 경단을 만들고, 그 안에 알을 낳습니다. 알에서 깨어난 소똥구리 애벌레는 경단을 먹으면서 어른벌레로 성장해요. 알에서 어른벌레가 되기까지는 40일 정도 걸려요. 그래서 6월에 태어난 소똥구리 애벌레는 8월쯤 어른벌레가 되어 세상 밖으로 나온답니다.

똥으로 만든 경단을 굴리며 산란도 하고, 새롭게 태어난 소똥구

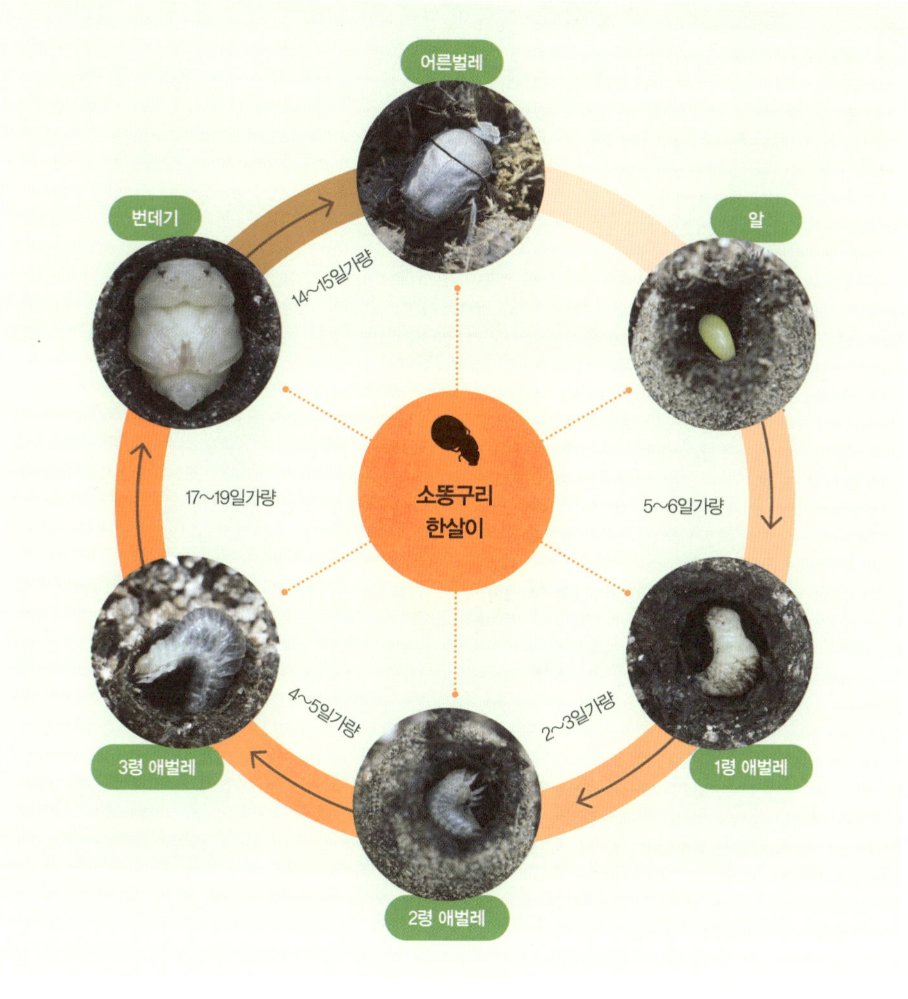

리들은 9월 말까지 열심히 소똥과 말똥을 먹으며 살아갑니다. 가을이 되고 날씨가 선선해지면 추운 날씨를 피하려고 땅속에 아늑한 굴을 판 뒤, 그 속에서 봄이 올 때까지 겨울잠을 자죠. 겨

자연 청소부, 토양 영양사, 환경 파수꾼 소똥구리가 궁금해! 155

울잠은 혹독한 환경을 극복하기 위한 소똥구리들의 생존 전략입니다. 긴 시간 추운 환경을 견디다가 다시 따뜻한 봄이 오면 소똥구리들은 '이제 추운 겨울이 지났으니 알을 낳고 번식할 수 있겠구나.'라고 생각해요. 신기하게도 겨울을 나지 않은 소똥구리는 알을 낳지 않는다고 해요. 이렇게 소똥구리는 겨울잠을 자면서 이듬해에 자손 낳을 준비를 한답니다. 그러니 소똥구리의 겨울잠을 방해하면 안 되겠죠?

소똥구리 암컷과 수컷, 어떻게 구분하나요

소똥구리는 곤충(곤충강) 중에서 단단한 등딱지를 가지고 있는 딱정벌레 무리(딱정벌레목)에 속해요. 그중에서 동물의 분변을 먹이로 하는 소똥구리류(소똥구리과)에 속하는 곤충이랍니다. 소똥구리는 긴 오각형의 몸체에 광택이 없는 검은색을 띠는데, 암컷과 수컷의 생김새가 거의 비슷해서 겉모습으로는 구분하기 어려워요. 하지만 앞다리에 난 발톱을 자세히 살펴보면 발톱이 난 방향이 서로 달라서 이 부분을 통해 암컷과 수컷을 구분한답니다. 암컷 앞다리 발톱은 바깥 방향으로 휘었고, 수컷은 낫을 앞

소똥구리 암컷(왼쪽)과 수컷(오른쪽).
ⓒ 국립생태원 멸종위기종 복원센터

으로 든 듯 아래쪽으로 휘었어요.

왜 암컷과 수컷의 발톱 방향이 다를까요? 그 이유는 경단을 굴릴 때 암수 역할 때문이라고 추정한답니다. 번식을 위해 암수가 함께 경단을 굴릴 때는 언제나 암컷은 앞다리와 뒷다리를 이용해 엎드린 자세로 경단을 밀어요. 수컷은 서 있는 자세로 앞다리에 돋은 발톱을 이용해 경단을 잡아당기며 이동하고요. 뒤로 경단을 굴려 목적지까지 간다니 흥미롭지 않나요? 소똥구리 눈 구조상 일어서더라도 뒤쪽을 볼 수 있다고 해요. 이렇게 소똥구리는 흥미로운 행동과 생활 방식을 가지고 있답니다.

자연 청소부, 토양 영양사, 환경 파수꾼 소똥구리가 궁금해!

암컷과 수컷이 함께
경단 굴리는 모습.
ⓒ 국립생태원 멸종위기종
　복원센터

소똥구리는 자연의 청소부?

소똥구리는 이름에서처럼 동물의 분변을 먹이로 하는 생물이에요. 분변은 이미 소화 과정이 끝난 폐기물로, 자연에 그대로 남아 있으면 환경을 오염시키죠. 오래된 분변에서 해충이 발생할 수도 있고, 비가 왔을 때 흐르는 물을 따라 하천을 오염시킬 수도 있어요. 기특하게도 소똥구리는 이렇게 냄새나고 더러운 폐기물을 먹이로 삼음으로써 우리 주변 환경을 깨끗하게 만들어 줍니다.

특히 소똥구리는 동물의 분변을 경단으로 잘게 잘게 쪼개어 여러 장소로 퍼뜨려요. 이러한 소똥구리 행동과 과정은 한곳에 모여 있던 오염 물질을 분해하고, 더 나아가 건강한 환경을 만들어 줍니다. 분변을 분해함으로써 분변에 모여드는 파리나 기생충 등의 해충 발생을 줄일 수 있고요. 분변에 있던 식물 씨앗이 땅속에서 발아하여 다양한 식물이 자랄 수 있도록 돕기도 하죠. 더 나아가 요즘 큰 문제가 되고 있는 지구 온난화의 주범 온실가스를 줄일 수 있답니다. 이렇게 소똥구리는 자연 생태계의 청소부로서 지구를 지탱하는 데 매우 중요한 역할을 해요.

한반도 소똥구리, 왜 사라졌을까요

50년이라는 기간은 꽤 긴 시간이지만, 지구의 역사와 비교한다면 찰나의 시간이기도 해요. 과거 1960년대까지만 해도 이 땅에는 소똥구리가 많았다고 기록되어 있어요. 1970년대에 들어서 산업화가 급격하게 이루어지고 눈부신 경제 성장을 이루면서 소똥구리 서식지가 파괴되었다고 합니다. 소똥구리가 살던 드넓은 초원에서 풀을 뜯던 소들은 대부분 축사로 들어갔고, 소똥구리에게는 독약과도 같은 구충제와 농약이 무분별하게 사용되었죠.

소똥구리가 먹어야 할 양식에 독약이 섞여 들어가고, 더는 먹을 것이 없어 배고픈 소똥구리는 독약이 든 먹이를 먹고 죽어 간 셈이에요.

서식지가 파괴되었다는 의미는 하나의 생명체가 살아가는 데 꼭 필요한 요소들이 사라졌다는 뜻이에요. 인간이 살아가려면 의식주, 다시 말해 먹을 음식과 입을 옷, 그리고 잠잘 수 있는 공간이 기본적으로 필요해요. 이 중에서 어느 하나라도 빠진다면 인간은 큰 불편을 겪거나 살아가기 힘들죠. 어떤 생물이든 온전하게 먹고 쉴 수 있는 공간이 필요합니다. 소똥구리도 살아가는 데 꼭 필요한 요소가 파괴되어, 결국 한반도에서 사라지게 되었어요.

50년 만에 우리 곁으로 돌아온 소똥구리

이 땅 어딘가에 소똥구리가 살고 있을 가능성이 있었기에, 우리나라 전 지역을 대상으로 꼼꼼하게 조사를 진행했어요. 소똥구리에 현상금까지 내걸었지만, 소똥구리 흔적을 찾기 힘들었죠. 하지만 여기서 포기할 수 없었어요. 우리나라가 아니면 지구 어딘가에 소똥구리가 남아 있으리라 보고, 소똥구리를 찾기 시작

몽골에서 소똥구리를 채집하는 모습과 몽골 현지 소똥구리.
ⓒ 국립생태원 멸종위기종복원센터

했습니다. 그리고 드디어 찾아냈어요. 과거 한반도에 살던 소똥구리와 동일한 친구들이 몽골에 산다는 것을요. 그래서 국립생태원 멸종위기종복원센터(복원센터)에서는 지난 2019년 소똥구리 200마리를 몽골에서 데려와 우리나라 자연으로 돌아오게 하기 위한 연구를 시작했답니다.

50여 년 전 우리나라에서 사라진 소똥구리에 대한 정보가 거의 남지 않았기 때문에 연구하는 과정은 순탄하지 않았어요. 소똥구리가 복원센터 연구실로 들어온 첫해에는 몽골 현지 서식지와 최대한 유사하게 환경을 만들어 주었어요. 안전한 먹이를 지속

자연 청소부, 토양 영양사, 환경 파수꾼 소똥구리가 궁금해!

적으로 공급하기 위해 오염되지 않은 곳에서 자연 방목한 가축의 분변을 모아 매일매일 먹이를 주면서 극진히 보살폈답니다. 이러한 과정을 3년 정도 진행하면서 소똥구리라는 친구가 어떠한 환경을 좋아하고, 어떤 방식으로 살아가는지, 무엇을 싫어하는지에 대해 알 수 있었어요. 그러면서 소똥구리의 생태적 특징을 밝혀내고, 인공적으로 증식할 수 있는 기술도 개발했답니다. 인공 증식은 성공적으로 이루어져서 많은 개체를 확보할 수 있었지만, 아직 해결해야 할 과제가 남았어요. 그건 과연 몽골에서 살던 소똥구리가 우리나라 자연환경에서 잘 살아갈 수 있을지에 대한 해답이 필요했어요. 이에 복원센터에서는 야외 환경에 노출될 수 있는 연구 시설을 만들어 그곳에서 소똥구리를 사육하기 시작했어요.

연구 결과는 대성공이었답니다! 우리나라 사계절을 온몸으로 체감한 소똥구리들은 먹이도 잘 먹었고, 경단을 만들어 번식도 훌륭하게 해냈어요. 추운 겨울도 어려움 없이 지낼 수 있음을 알 수 있었답니다.

2023년, 한반도 생태계에 자연 방사된 소똥구리

이제 남은 과제는 하나였어요. 자연 생태계로 돌아갈 준비가 된 소똥구리들을 어느 지역에 방사하는가였답니다. 복원센터에서는 소똥구리가 잘 살아갈 수 있는 서식지 조건과 항목을 만들어서 자연 방사가 가능한 국내 여러 지역을 대상으로 평가를 진행했어요. 여러 전문가 박사님들과 오랜 논의 끝에 충남 태안군 신

태안 신두리 해안사구 소똥구리 방사 현장.
ⓒ 국립생태원 멸종위기종복원센터

두리 해안 사구가 가장 적합하다고 판단했어요. 그리고 소똥구리 첫 번째 자연 방사를 계획하게 되었답니다.

2023년 9월 13일, 태안 신두리 해안 사구에 소똥구리 200마리를 자연 방사했어요. 현재 드넓은 모래언덕에서 한가로이 풀을 뜯는 한우와 함께 잘 지내고 있죠. 앞으로도 해야 할 일은 많이 남았어요. 우선 신두리 해안 사구로 이주한 소똥구리가 새로운 환경에서 어려움 없이 잘 적응할 수 있도록 꾸준히 관찰하면서 보살펴야 해요. 또 새롭게 살아갈 수 있는 지역을 꾸준히 탐색하고 추가로 자연 방사해 우리나라에 완전히 정착할 수 있도록 노력해야 하죠.

이렇게 길고 어려운 과정을 통해 반세기 만에 한반도로 돌아오게 된 소똥구리들이 잘 살아가려면 전문가들의 연구도 필요하지만, 여러분의 노력도 필요해요. 소똥구리 서식지를 보호하고, 먹이를 오염시키지 않는 일은 한 사람의 힘으로 이룰 수 없어요. 서로가 응원하며 모두의 힘과 노력을 한데 모아야만 하죠. 얽히고설켜 건강한 연결고리로 연결된 지구 생태계를 지키는 일은 여러분의 행복한 미래를 위한 일이니까요.